歐亞古典學研究叢書

烏雲畢力格 主編

還音雜録

卓鴻澤 著

上海古籍出版社

自　　序

先秦以來故籍每雜有非華音之詞語，歷世邈遠，治民族文化史者苦不辨胡漢，所論或流於顢頇，時復歧説棼然。初學無所適從，深爲未便。予不自量，不辭捫象之譏，隨有所見，把筆釋之。庚子大疫，封城禁足，爰取平昔所劄録，汰其尨蕪，裒爲二卷。雖不足以窮萬類音，悟摠持法，而稽古訂訛，聊備采擇云爾。

目　　録

卷上　古族篇

欲料簡三代秦漢民族史,考古學固極重要,而語史學亦不可廢。文字學在中國最爲發達,顧語史學須從音聲入門。此義前賢之具特識者已知之,唯付諸實踐,尚多餘地,故今論之。

§1　族稱觀念

華夏文明自古即與閃含語文明、印歐語文明有所接觸。從語史之角度觀察早期華夏語言代指他族之族名或地名,追溯其語源,可以一闚其接觸之時間先後。

先秦譯語	
前期(閃語詞源)	後期(印歐語詞源)
狄	胡
戎	貊/貉(狢)
夷	鹵

"狄(翟)"之爲名,初爲遠人之義。"狄"增累爲"逖"。班固《白虎通·禮樂篇》云:"狄者,易也,辟易無别也。"即以"逷(逖)"爲釋。古巴比倫語 rēq 與阿卡得(Akkad)語 rēqu,義爲遥遠,華夏以"狄(逖)"對譯 * rēk(rēq)音。戎狄之"戎"則爲亞摩利(Amurri)語 nawûm 之對音,義爲草薦、駐牧之地,引申指牧羊人。古西羌人亦屬"西戎"。"羌"即牧羊人,塞種(Sakakula)則稱之"鮮支"(* sägä)或

"析(賜)支"(* säğgä)①,其遺迹即奥謝金語 sæğgæs,義爲牧羊人,sæğ 指雌山羊,從羊角之詞根* sāka 衍出②。"夷"本義爲平。《史記·夏本紀》"嵎夷",《索隱》引今文《尚書》作"禺鐵","鐵(銕)"古文爲"夷"。《楚辭·卜居》"突梯滑稽"一語,揚雄《酒賦》作"鴟夷滑稽","夷"通"梯",猶"睇"通"眱"。"夷"對譯* rit,阿卡得語 ritu,ri'ītu,指草原、牧地。戎狄、夷狄,用爲荒遠之民、草原牧民之泛稱。其所反映閃語之影響,當源於亞述(Aššur)帝國。

希羅多德《史志》(*ἱστορία*, βιβλ. I, κεφ. 95)謂米堤人(Μῆδοι,Mede)最先反叛亞述③。米堤人即瑪代人(Māda,Mada'i),米堤亞(Media)語是一種伊朗語。逮及公元前 612 年,米堤人洗掠尼尼微(Nineveh)大城,亞述亡。公元前 550 年,安山(Anšan)王句路(Kuruš,Kuraš;拉丁文作 Cyrus)——米堤王阿私致支(Astyages)之外孫——建立波斯帝國。伊朗語文化勢力逐漸取代閃語文化勢力,反映於先秦譯語中。

"鹵"字漢代每與"虜"字互用。"鹵"之字形從"卤"(籀文作"㢴"),"鹵"即古文"西"字,故《説文》訓爲"西方鹹地"。然"鹵"有純爲音譯者,如《春秋》魯昭公元年(公元前 541 年)六月:"晋荀吴帥師敗狄于大鹵。"此大"鹵"從狄語所稱,中夏意譯爲大"原"。《左氏傳》引作"大鹵",《穀梁傳》與《公羊傳》作"大(太)原"。《穀梁傳》云:"中國曰大'原',夷狄曰大'鹵',號從中國,名從主人。"《公羊

① 《後漢書》卷八七《西羌傳》:"賜支者,《禹貢》所謂析支者也。"《史記》卷一《五帝本紀》析支與西戎、渠廋並列,《索隱》引《大戴禮》作"鮮支、渠搜"。"鮮"古音"斯",不帶鼻音收聲(此與"西"字古讀"先"者適相反),詳顧炎武《唐韻正》卷四,《音學五書》,北京:中華書局,1982 年,第 259 頁;高澍然《詩音》卷二,《四庫未收書輯刊》第 4 輯第 4 册影印清嘉慶十七年(1812)活字本,北京:北京出版社,1997 年,第 576 頁。

② Василий И. Абаев, *Историко-этимологический словарь осетинского языка*, Москва: Издательство Академии Наук СССР, 1958, Том IV, с. 57 – 9: sæğgæs"пастух коз", sæğ, sæğæ "коза".

③ "Ηρόδοτος, *Μοῦσαι*, τόμος Α," Αθήνα: «Ι. Ζαχαρόπούλος», 1964, σ. 139.

傳》徐彦疏:“案古史文及夷狄之人皆謂之大‘鹵’,而今經與師讀皆謂之大‘原’。”何邵公注《公羊傳》:“鹵,力古反。”此“鹵”即古伊朗語 rāga(康居語 rāγ)之對音,義爲曠野、平原,有時亦指蕪野荒原(荒漠化之平原),故班固《封燕然山銘》云:“經磧鹵,絶大漠。”《漢書·鄯善國傳》謂西域鄯善國(樓蘭國)“地沙鹵,少田,寄田仰穀旁國”,“民隨畜牧逐水草”,所謂沙鹵即 rāγ。《春秋》所書魯昭公元年事,屬孔子“所見三世”(哀、定、昭)時限之内,此條“晋荀吴帥師敗狄于大鹵”或確出尼父之手①。華夏典籍保存古伊朗詞語音義之紀録,此爲最古。宋于庭《過庭録》卷四《尚書略説上》第六則〈太原〉辨《書·禹貢》之“太原”實在安定郡高平縣(甘肅平凉、寧夏固原一帶),《春秋》之“太原(鹵)”亦在安定郡鹵縣,不止《詩》之“太原”在甘肅平凉已也②。按此“太原”不在晋陽(山西太原)之説雖創自顧亭林《日知録》卷三,而宋説後出益精。邇來,學者喜言北朝、隋唐時粟特僑民在原州之遺迹,而魯史記所載之“鹵”即古伊朗詞語之赫然在目者,反當面蹉過,宜爲拈出。《左傳》云:“晋中行穆子敗無終及群狄于大原。”或疑無終山戎遠在右北平郡③,不應西邁至于安定郡。不悟“戎狄薦居”而居無恒所,每隨季節氣候之變遷,逐水草而游牧,豈得以幽州土著例之?荀吴“毁車”以行,過隴東高原之陵谷阨道,與山戎(北戎)、北狄(北翟)會戰於大“鹵”,其地當公元前 6 世紀時尚以

---

① 《莊子》外篇《天道》言“孔子西藏書於周室”,“而老聃不許,於是繙《六經》以説”。《莊子》逸篇言“仲尼讀《春秋》,老聃踞竈觚而聽”(南宋王應麟《困學紀聞》卷一〇)。老聃爲徵藏史,而仲尼多聞(《莊子》外篇《秋水》河伯不信世有“少仲尼之聞”者),周史所載夷狄語彙,老子、孔子必皆知之。

② 錢穆《史記地名考》(香港:龍門書店,1968 年,第 496 頁)云:“今解縣安邑間有大鹽池,故曰大鹵。”又《周初地理考》云“宋翔鳳《過庭録》乃據《説文》‘安定有鹵縣’一語,定太原在安定,不悟《説文》自據東漢時郡邑説之,實不足爲訓也”,“《春秋》所謂大鹵者,正指河東鹽池近邑而言”;復於《西周戎禍考下》重申:“大鹵指其産鹽,其地在晋南。”俱見錢穆《古史地理論叢》,臺北:東大圖書公司,1982 年,第 12、157 頁。按:錢氏以解州大滷(山西南部運城盆地之鹽池)當《春秋》之大鹵,甚不可從。

③ 《史記·匈奴列傳》“唐虞以上有山戎”,《正義》引《括地志》云:“幽州漁陽縣,本北戎無終子國。”

伊朗語地名見稱，必久爲戎族（或即“太原戎”之苗裔）所踞①。

又，《史記》卷一二四《游俠列傳》於郭翁伯（郭解）傳後云：“自是之後，爲俠者極衆，敖而無足數者。然關中長安樊仲子、槐里趙王孫、長陵高公子、西河郭公仲、太原鹵公孺、臨淮兒長卿、東陽田君孺，雖爲俠而逡逡有退讓君子之風。”其中太原鹵公孺，雖《漢書》卷九二《游俠傳》作太原魯翁孺，然裴駰《史記集解》注云：“徐廣曰：鴈門有鹵城也。”徐野民《史記音義》雖佚，未能一究其詳，而就《集解》所引，可知并州鴈門亦有以“鹵”爲地名者，在山西太原以北。

“貊/貉”作爲外族代稱，出現於公元前6—前5世紀左右。《論語·衛靈公》云：“言忠信，行篤敬，雖蠻、貊之邦，行矣。”《墨子·兼愛中》云：“鑿爲龍門，以利燕代、胡貉與西河之民。”又《非攻中》云：“雖北者中山諸國，其所以亡於燕代、胡貉之間者，亦以攻戰也。”按“貊”本爲亞利安語草地 marg- 之音譯字②，華夏引申指牧人。由於亞利安語别有一音近之語根指禽獸，如火教經（阿韋私陀 Awestā）波斯語 mərəγa 及梵語 mṛga（龜兹語作 mräga），故華夏又以獸名“貉（狢）”譯之。

“胡”字古音與“嘏”“遐”通③，《詩·國風·豳風·狼跋》“胡”與“瑕”叶韵。《説文》：“嘏，大遠也。”《詩·周頌·載芟》“胡考之寧”，“胡考”即遐齡。“胡（嘏）”似出月氏古語，月氏語久已失傳，然龜兹語 kätkare 有窅深、寫遠等義，其動詞詞根 kätk-爲揭涉、渡越之義。以此推度，月氏本音當不相遠。《史記·貨殖列傳》云：“種、

① 據《後漢書》卷八七《西羌傳》，周穆王“西征犬戎，獲其五王”，“遂遷戎于太原”，至周夷王時，“命虢公率六師伐太原之戎，至于俞泉，獲馬千匹”。此述公元前10世紀事，或是司馬彪取自汲冢竹書《紀年》。

② 參看康居語（粟特語）marγ，亞美尼亞語 mark。

③ “侯（矦）”古亦通“胡”“遐”。《詩·小雅·白華之什·南山有臺》：“樂只君子，遐不眉壽？”《大雅·文王之什·棫樸》：“周王壽考，遐不作人？”司馬相如《封禪書》頌曰：“君乎君乎，侯不邁哉？”（見《史》《漢》相如傳）按，“侯不”“遐不”猶云“胡不”“曷不”也。“胡～侯”互譯，如匈奴“盧侯”之號，所謂“後義盧侯”“言兵鹿奚盧侯”（《漢書·匈奴傳上》）、“盧侯王”（《漢書·霍去病傳》）。其“盧侯王”，《史記·衛將軍、驃騎列傳》正作“盧胡王”。

代,……地邊胡,數被寇,……其民羯羠不均,自全晋之時固已患其傈悍,而武靈王益厲之。”疑“羯”本取“朅”義,即 kät[k]-之譯音,與“夷”俱改隸羊旁,而作羯羠,以示其爲牧羊之部族。“羯羠不均”言其胡、夷混雜,猶稱羌、氐爲“牂羝”之例耳。《漢書》卷九六上《西域傳上》云:“出陽關,自近者始,曰婼羌。婼羌國王號去胡來王。……西與且末接,隨畜逐水草,不田作,仰鄯善、且末穀。”卷九六下《西域傳下》云:“去胡來王唐兜,國比大種赤水羌,數相寇,不勝,……玉門關不内,即將妻子人民千餘人亡降匈奴,匈奴受之。”按“去胡來”尤近 kätkare,顔師古注所以釋之爲“去離胡戎來附漢”者,正以胡語動詞 kätk-有遠去(朅)之義,復緣漢語“朅來”一詞,故續以“來附”臆釋之耳。《漢書》卷九四下《匈奴傳下》:“王昭君號‘寧胡閼氏’。”師古注:“言胡得之,國以安寧也。”此説亦不盡是。《史記》卷四三《趙世家》趙武靈王二十年,“王略中山地,至寧葭;西略胡地,至榆中,林胡王獻馬”。按,“寧胡”或即胡語“寧葭”,蓋音譯字耳①。

閃文化告退,伊朗文化代興。至公元前 331 年,馬其頓王亞歷山大東侵波斯,波斯王大利沃(Dāraya-vauš;拉丁文作 Darius)三世亡國。前 327 年,希臘軍轉戰粟特地區。大波斯地域之戰亂播盪於歐亞草原伊朗語諸部之間。趙武靈王於公元前 302 年變胡服、習騎射以攘叁胡、林胡、樓煩(樓蕃),疑此諸胡之中頗有從中亞細亞移向趙國疆埸之伊朗語部族。

從語源考族稱,可知戎狄胡貊諸觀念,本皆與居地之遐荒與生計方式有關。

---

① 饒宗頤《胡里安(Hurrian)與“胡”之來源》(《饒宗頤二十世紀學術文集》第一册,臺北:新文豐出版公司,2003 年)一文反對陳寅恪先生所持“胡”爲 Hūṇa 之 Hū- 一説。饒氏以爲藏文 Hor 一詞即“胡”,故主張“胡”譯自 Ḫurr-。按饒説有兩點困難:一是西亞古族 Ḫurri 活躍於公元前第一千年紀之前,而“胡”作爲外族代稱,起源較晚,不與“戎”“狄”之稱同屬先秦前期譯語,時間上無法合符;二是“胡”字上古音難以切合 Ḫurr-。其實,藏文 Hor 本截取自唐末五代吐蕃文 Ho yo hor(迴紇、回鶻)一詞之語尾。遲至元代,藏文 Hor 始施於“蒙古(胡元)”。要之,三名本無關係,而饒氏誤爲一耳。

§2 月氏、烏孫

《莊子·在宥》謂春秋以來天下之亂實肇端於“黄帝始以仁義攖人之心”,《馬蹄(蹏)》篇亦謂“縣跂仁義以慰天下之心,而民乃始踶跂好知,争歸於利,不可止也”。莊子此等言論,可參看《史記·秦本紀》由余笑答秦繆公,謂“中國以詩書禮樂法度爲政”,“此乃中國所以亂也”:“自上聖黄帝作爲禮樂法度”,傳至後世,上“以責督於下”,下“以仁義怨望於上”,“上下交争怨”而致亂,不若西戎上下淳易,“不知所以治”。由余本爲晋裔,曾厠身於緜諸(秦繆公所併八種西戎之一)。然謂西戎淳樸,亦衹是取譬言之,非真“自然”“無爲”境界,且其重點固不在“華夷異同論”。蓋一有彼此是非,已爲物役。《在宥》云:

> 世俗之人皆喜人之同乎己,而惡人之異於己也。同於己而欲之,異於己而不欲者,以出乎衆爲心也。夫以出乎衆爲心者,曷嘗出乎衆哉?因衆以寧所聞,不如衆技衆矣!

人一旦爲徇衆之知見所桎梏,便無復自由,故其後文曰:“獨往獨來,是謂獨有。獨有之人,是謂至貴。”此一節文字是發揮老子“衆人皆有以,而我獨頑且鄙”之義諦①,仍攝於“自然無爲”之大旨中。《馬蹄》篇云:

> 及至伯樂,曰:“我善治馬。”燒之,剔之,刻之,雒之。連之以羈馽,編之以皁棧,馬之死者十二三矣;飢之,渴之,馳之,驟之,整之,

① 《吕氏春秋·孟夏紀·誣徒》論師徒關係:“弟子居處修潔,身狀出倫,聞識疏達,就學敏疾,本業幾終者,則從而抑之,難而懸之,妒而惡之。弟子去則冀終,居則不安,歸則愧於父母兄弟,出則慚於知友邑里。此學者之所悲也,此師徒相與異心也。人之情,惡異於己者,此師徒相與造怨尤也。人之情,不能親其所怨,不能譽其所惡,學業之敗也,道術之廢也,從此生矣!”按《誣徒》篇深慨俗師輒起妒心,其病亦是“以出乎衆爲心”,其藥則唐代康法藏大師(賢首國師)《大乘起信論義記》卷三所云“嫉妬他勝障,隨喜對治”是已。

齊之,前有橛飾之患,而後有鞭筴之威,而馬之死者已過半矣!……夫加之以衡扼,齊之以月題,而馬知介倪、闉扼、鷙曼、詭銜、竊轡。故馬之知而能至盜者,伯樂之罪也。

唐陸德明《音義》云:“衡,轅前横木縛軛者也。扼,叉馬頸者也。月題,徒兮反,司馬、崔云:馬頟上當顱如月形者也。”依上下文義要求,“月題”自須有約束馬匹行動之作用,然馬頟(額)上之飾物,縱令其形如月,亦豈能迫使馬匹順服耶?晉代司馬彪、崔譔注之望文生義而義復叵通,灼然可見。

“月題”之“月”乃“肉”部之“月”(),“月題”爲 * niyoge 之對音。梵語 niyoga 爲繫縛之義,而 niyoga-pāśa 即馬車之挽韁,此 * niyoge 之詞源也。如此,即與後文之“詭銜、竊轡”呼應,而“齊之”、令彼就範之義遂不落空矣①。

吾人翫索《莊子》此篇,發現“月題”本義爲昔賢所未喻,不啻獲一意外綫索,有助于解決上古民族史一大懸案,即月氏譯名之問題也。

蓋“題(是)”上古音與“氏”相通,“月氏”對音必近“月題”。已知“月題”爲 * niyoge,則“月氏”胡名呼之欲出,即 * niyogye 也。此詞相當於梵語 niyogya“主人(統馭者)”②,月氏爲騶騄之主也。“月

① 参看《文心雕龍·附會》:“去留隨心,修短在手,齊其步驟,總轡而已。”《劉子·法術》:“譬如善御,察馬之力,揣途之數,……齊其御轡,以從其勢,轡不均齊,馬失軌也。”

② 馬迦特以 ’Ιάτιοι(Ασιοι, Γασιανοί)比附“月支”,J. Marquart(Markwart), *Ērānšahr nach der Geographie des Ps. Moses Xorenac'i: mit historisch-kritischen Kommentar und historischen und topographischen Excursen* (Abhandlungen der Königlichen Gesellschaft des Wissenschaften zu Göttingen, Philologisch-historische Klasse, Neue Folge, Band III, No. 2), Berlin: Weidmann, 1901, S. 206. 捷克人哈隆則欲比附 Σκύθία,故擬“月氏”爲 * zn̥iʷăt-t‘ia, G. Haloun, “Zur Üe-tṣï-Frage”, *Zeitschrift der Deutschen Morgenländischen Gesellschaft* 91 (1937): 292, 315. 亨寧將哈隆之擬音修訂爲 * θγuδi- > * t‘γur/ * θγur,以等同於“吐火羅”, W. B. Henning, “Argi and the ‘Tocharians’”, *Bulletin of the School of Oriental Studies* 9/3 (1938): 563. 越二十餘年,亨寧翻然改轍,捐棄 * θγuδi- 舊説,改爲 Guti (轉下頁)

氏”之“月”字本當讀“肉”,故西夏文尚拼寫作 ngiu̯ źi。清人不察,讀作日月之“月”,故滿文拼寫作 yuwei cy。《逸周書 · 王會解》云“禺氏騊駼”,“禺”亦爲 * niyog 之對音,與“肉”爲同音異譯也。

古天竺婆羅門聖詩集(purāṇa)與史詩稱吐火羅人爲 tukhāra/tuṣāra[①]。又梵文稱吐火羅馬爲 tukkhāra,豈“騊駼”即“兜[佉]勒”

(接上頁)(澤按:即阿卡得文之 Qutî)。亨寧謂 Guti 與“月氏”完美對等(*Guti* and *Yüe-chih* are perfect equivalents),假定 Guti 與 Tukri 乃孿生民族(twin nations),在歷史長河中融合爲一新群體,故可以任一名稱(月氏或吐火羅)呼之(which could claim either this or that name), W B. Henning, “The First Indo-Europeans in History”, G. L. Ulmen ed., *Society and History: Essays in Honor of Karl August Wittfogel*, The Hague: Mouton, 1978, pp. 215－230. 敏亨黑芬假設吐火羅(Togar)人爲塞(Saka, Sacae)酋所統治,此統治階層之名稱在吐火羅語爲 Kusha,在塞語爲 Ārśi,同爲白色、明亮之義,“月氏”即 Kusha,“焉支”即 Ārśi,故“月氏”乃譯義兼譯音,比貴族爲月族云云, O. Maenchen-Helfen, “The Yüeh-chih Problem Re-examined”, *Journal of the American Oriental Society* 65 (1945): 71－81,其説穿鑿殊甚。哈瑪塔曾駁此月氏民族分層化(Togar-Ārśi stratification)之説爲無據,J. Harmatta, “Studies in the Language of the Iranian Tribes in South Russia”, *Acta Orientalia Academiae Scientiarum Hungaricae* 1 (1951): 272－273. 貝利則主張吐火羅名稱源出伊朗語 * tu-γara-,詞首 tu-(于闐塞語 ttu-/ttū- > ttau-)於義爲大。此 * Tu-γara- 在希臘文轉寫爲 Θογαρα,在漢文則半譯義、半譯音而爲“大夏”(大爲 tu-之譯義,夏爲 γara 之譯音云云)。貝利發現于闐塞語文件中有族名 Ttauḍägara、Ttaugara,可視爲“吐火羅”一名之藏文拼法 Thod dkar、Tho gar 之所本(澤按:藏文載籍言吐蕃贊普母氏爲 Thod dkar)。貝利釋于闐塞語 gara 爲“山”,於是假定“月氏”爲伊朗語 * γara-čīka 之對音,即 γara 附加後綴 -čīka 構成族名“山民”云云。又謂月氏人遷出塔里木盆地之後,操印歐語之焉耆(Argi)、龜兹(Kuči)人進據月氏人舊居之地,而蒙其故名,成爲後來之“吐火羅”人,詳 H. W. Bailey, *Indo-Scythian Studies* (Khotanese Texts VII), pp. 122, 123, 130 (see also “Epilogus”); Bailey, *Dictionary of Khotan Saka*, Cambridge: Cambridge University Press, 1979, p.80。其他歧説尚多,有謂“月氏”即 vaējah(阿韋私陀語 Airiianəm vaējah、粟特語 Aryān wēžən、中古波斯語 Erān vēǰ “亞利安夐域”)者,如旅法伊朗學者馬扎海里謂之與“月氏”完美對應(En réalité *Vaeja* s'accorde parfaitement avec le terme que les Chinois ont transcrit par *Yüé-Tchi*[...]), Aly Mazahéri, *La route de la soie*, pp. 179,278,均未合古音。

① 參看印度學者師覺月 P. C. Bagchi, “On the Role of the Central Asian Nomads in the History of India”, *The Journal of the Greater India Society* 10/2 (1943): 121。

(tukkhārah̩,tuh̩khārah̩)之古譯歟?《隋書》卷八三《西域列傳》吐火羅(τοχοαρα)國“其山穴中有神馬,每歲牧牝馬於穴所,必産名駒”,當即騊駼。“由余”之“由(繇)”,上古音通“陶”,如皋陶一作咎繇,故“由余”與“騊駼”可視爲同語異譯。《史記·司馬相如列傳》“陽子驂乘”,司馬貞《索隱》引張揖:“陽子,伯樂也。孫陽字伯樂,秦繆公臣,善御者也。”按梵語調御馬匹之動詞爲 pragrah[a],恰與“伯樂”上古音吻合。然則伯樂故事當與月氏御馬文化有關也。

又據《史記·建元以來侯者年表》,匈奴相有名月氏者,降漢,武帝元朔二年十月癸巳封親陽侯。足見“月氏”在匈奴語中可用爲人名。

月氏爲御馬之主,烏孫、大宛則馴馬之苑囿也。《史記·大宛列傳》武帝“發書易,云:‘神馬當從西北來。’得烏孫馬好,名曰‘天馬’,及得大宛汗血馬,益壯,更名烏孫馬曰‘西極’,名大宛馬爲‘天馬’云”。按“烏孫”即 $^{?}$ākwar 之對音①,比較薩珊朝波斯文(Pahlawī,中古波斯語)āxwarr②,蓋取義於上古波斯語 * āx^{v}arna-pati

① “烏孫”之“孫”與“旬(荀)”音近,如荀卿(荀况)一稱孫卿(孫况)。法顯譯《大般涅槃經》有“波波城”,對應於白法祖譯龜兹胡本《佛般泥洹經》之“波旬國”。“波波”爲梵語 pāpa,“波旬”則龜兹語 pakwāre,華言“弊惡”也。伯希和擬“波旬”爲 * pāvēn,假設俗語中有將 pāvā 鼻韻化之趨勢,一如 Kālayaśah̩ 譯名“畺良耶舍”中“畺良”所反映者,P. Pelliot,“Pāpīyān > 波旬 Po-siun”, *T'oung-pao* 30 (1933): 90,99。按支謙譯《弊魔試目連經》中亦稱“波旬”,足見龜兹語“波旬”當承自月氏語也。“旬”(古通“匀”)音“均”,故可對譯胡音 kwār。伯說非是也。又,支謙譯大本《佛説阿彌陀經》卷下第十二佛刹名“沸霸圖耶蔡”,月氏語“沸霸”亦接近龜兹語 pyāpyai-(義爲“華[花]”)。至於“畺良”,本爲 * kalyām̩ 對音,或 kalyāṇa 之省譯(參看《大寶積經》卷一〇九《賢護長者會第三十九之一》“摩訶迦良那藥蘇[隋言大真藥蘇]”、《賢愚經》卷九《善事太子入海品第三十七》“迦良那伽梨[晋言善事]”等例),要與 kāla 無涉也。

② 帕提亞文作 'xwr,粟特文作 ''γwyr。馬迦特不識“孫”字古音,致以 'Ασιανοί 比附“烏孫”,J. Marquart, *Ērānšahr*, 1901, p.204。第吾人不應咎馬氏未讀《書》《易》耳。魏義天緣康居語 * wiðān“氈帳”一詞,遽假定烏孫人自稱 * wəθān,謂漢語缺乏與 θ 對等之音素,故僅能將就取“孫 ≈ * suən”以對譯 θān 云云,Étienne de la Vaissière, “Iranian in Wusun? A tentative reinterpretation of the Kultobe Inscriptions”, in S. R. Tochtas'eva & (轉下頁)

“司御厩者(御圉領班),輿馬扈衛”也。“孫(遜)”古音“川(順,馴,訓)”。今本《尚書·虞書·舜典》“五品不遜”,《史記·五帝本紀》作“五品不馴”,《論衡》卷一五《順鼓》引《尚書太(大)傳》作“五品不訓”。“川(順,訓)”音“坤”,《周易·象傳》之“天行健(乾)(*kan)”、“地勢坤(川,順)(*kh^wan)”正孔子所作韻偶之對文也。

汗血馬出於西漢之大宛國,亦即北魏之破洛那國,《魏書》卷五《高宗文成帝紀》:“(公元465年)破洛那國獻汗血馬。”晚近學者輒以“大宛”比附“吐火羅”,其視“大”爲譯音,是讀《漢書》而不知西域除大宛國外,别有小宛國也。頗疑“宛”本爲*x^varn[a]之省譯,北魏時期以“破洛那”譯*p^varna,亦當溯自古波斯語*$\bar{a}x^varna$。

吾人既由《莊子》“月題”之綫索,推知“月氏”胡名與亞利安語輓軛之詞有關,而梵語 yuga 爲軛,yoga 有聯合、列陣等義,不得不疑月氏五部“翖侯”之號或取義於亞利安語*yaugaka。“翖侯”之“翖”多訛作“翎”,如“翕”多譌作“翁”。《漢書·西域傳》載月氏五部翖侯各駐休密、雙靡、貴霜、肸頓、高附,《後漢書·西域傳》則謂高附屬安息,月氏五部是休密、雙靡、貴霜、肸頓、都密,貴霜翖侯丘就卻①攻滅四翖侯,“自立爲王,國號貴霜”,破安息後始得高附,“諸國稱之皆曰‘貴霜王’”,獨“漢本其故號,言‘大月氏’云”。各部翖侯②自將其

(接上頁)P. B. Lur’e eds., *Commentationes Iranicae: Сборник статей к 90-летию Владимира Ароновича Лившица*, Санк-Петербург: «Нестор-История», 2013, pp. 320–5. 魏氏之意,蓋謂“烏孫”之“烏”取烏鴉之義,故對音不與*wə 相合。按《漢書·匈奴傳上》云:“烏禪幕者,本烏孫、康居間小國,數見侵暴,率其衆數千人降匈奴,狐鹿姑單于以其弟子日逐王姊妻之,使長其衆,居右地。”不知魏氏以爲“烏禪幕”之“烏”亦是烏鴉之義否乎?

① 佉樓文古幣之 kuṣaṇa yavugasa 即貴霜翖侯,yavuga 即“翖侯”一稱依西域方音之俗寫。

② 《漢書·西域傳·烏孫國傳》載烏孫有若呼翖侯,《張騫傳》載烏孫有布就翖侯。《匈奴傳下》記康居王“與諸翕侯計”,欲迎郅支單于以共滅烏孫,是康居亦有翖侯;又載漢哀帝建平二年(前5年)“烏孫庶子卑援疐翕侯人衆入匈奴西界,寇盗牛畜,頗殺其民”,單于遣左大當户烏夷泠“將五千騎擊烏孫,殺數百人,略千餘人,敺牛畜去,卑援疐恐,遣子趨逯爲質匈奴”,此卑援疐翕侯乃烏孫王庶子。烏孫、康居嘗服屬月氏,故皆有“翖侯”也。

所部軍隊，協合行動，如馬隊之同進共退。翖侯固月氏號也。

匈奴輔相有骨都侯（*qut［a］γaq）①，而無翖侯。漢景帝封邯鄲（匈奴降王）與漢武帝封趙信（降漢之胡小王、匈奴相國）爲翕侯，此漢爵之翕侯，非譯音之翖侯也。其“翕”乃西漢境内之侯國名，在魏郡内黄（今河南内黄），如垣、遒、易、散等之比，按之《史記》卷一九《惠景間侯者年表》、卷二〇《建元以來侯者年表》，可知也②。

匈奴有河名安侯。安侯（*arqaγ）河即嗢昆（orqon，今鄂爾渾）河之舊名。《穆天子傳》卷一有“焉居、禺知之平”。“禺知”似爲亞利安語（比較梵語 niyoktṛ，義同 niyogya）；“焉居”（*arka）似與“安侯”之語根有關，或與阿卡得語指後方之詞 arka（突厥語爲 arqa）有關。

§3.1　犬戎

先秦“西戎”之中有黄種之游牧民族，稱犬戎，亦稱畎戎、畎夷③、緄戎、混夷、昆夷④。公元前 771 年，犬戎焚掠鎬京，西周亡。

“犬”或“緄”皆戎語音譯，然“犬”亦可視爲意譯，古華夏語言（上古漢語）之“犬”（*khy^{w}än）與戎語譯音之“緄”（*kh^{w}än）本出一源，均借自印歐語，接近赫梯（Ḫatti）語/乃沙（Neša）語之 kuwan“犬，狗”。蓋犬戎有犬祖崇拜之俗，一如代狄（翟），《史記・趙世家》云：“翟犬，代之先也。”梵文之 hūṇa 與火教經波斯文之 hyaona 指一種游

① 單于號亦用“骨都侯”一詞，如呼屠吾斯（呼韓邪單于之兄）自立爲“郅支骨都侯單于”。

② 韓儒林《突厥官號考釋》下篇“葉護”條乃云：“趙信‘翕侯’之號雖爲漢封，當係一匈奴官號之音譯。蓋趙信本胡人，故漢家仍用北族官號寵之也。”（韓儒林《穹廬集：元史及西北民族史研究》，上海：上海人民出版社，1982 年，第 319 頁）韓説非是。隋唐突厥“葉護”（yaβγu）之號承自嚈噠，以經大夏語 ιaβγo 之媒介故，詞尾元音轉爲 -o（按 γu 發音若 γo，故吐蕃文轉寫爲 ya bgo），無關趙信之翕侯也。

③ “畎”音通“甽（圳）”。

④ “昆”古音通“玄”。參看“焜～炫”“鯤～鮌（鯀）”等例。

牧民族,其來源或與緄戎、犬戎有關①。

漢代之"羌胡"群體頗雜有東周時秦國所併狄、獂(貆)等犬戎遺裔。《後漢書·列女傳》皇甫規妻罵董卓爲"羌胡之種",蓋董卓乃涼州隴西臨洮人,交結羌中豪酋,"膂力過人,雙帶兩鞬,左右馳射,爲羌胡所畏",復領湟中義從羌胡兵及秦胡兵②。公元 189 年,靈帝徵董卓爲少府,董卓不就,上書自言"所將湟中義從及秦胡兵""牽挽臣車,使不得行,羌胡敝腸狗態,臣不能禁止"(《後漢書·董卓傳》)。范曄作"敝腸狗態",司馬彪《續漢書》作"憋腸狗態",郭璞注:"憋怤,急性也。"(具見唐章懷太子注引)董卓稔悉羌胡拜犬之俗,故有是語耳。

§3.2 犬戎非蔑稱

或謂華夏詆戎狄爲犬族,此其不識犬戎之"犬"爲音譯兼意譯

① 亨寧自信在粟特文貳號尺牘(斯坦因從敦煌烽燧掠走文物之一)中發現 χwn(釋讀不十分確定,亨寧始坐實如此)之族名,欲以 311 年(永嘉五年)焚洛陽、滅西晋之"匈奴"(屠各)當之,W. B. Henning, "The Date of the Sogdian Ancient Letters", *Bulletin of the School of Oriental Studies* 12/3-4 (1948): 615,烏克蘭學者裴里策(Пріцак)乃撰《匈奴族名 Xun》一文,Omeljan Pritsak, "Xun: der Volksname der Hsiung-nu", *Central Asiatic Journal* V. 1(1959): 27-34。殊不知粟特文釋讀即令正確,亦無助於證明漢文"匈奴"原語即 χun。世人每不曉此義,如藏文之 bod 雖對應漢文之吐蕃,却不得謂"蕃"即 bod 之對音。貝利擬"匈奴"爲 * hyōnāh,視同火教經(阿韋私陀)之 hyaona-, H. W. Bailey, *Indo-Scythian Studies* (Khotanese Texts VII), Cambridge: Cambridge University Press, 1985, p. 40. Cf. Aly Mazahéri, *La route de la soie*, Paris: S.P.A.G. (Papyrus), 1983, p. 279: "l'ennemi du jardinisme chinois—le *Hiung-nou* est le même que celui des Zoroastriens: le *Hiaona*, dans l'Antiquité[...]".按:公元 10 年,王莽改"匈奴單于"爲"降奴服于",可知王莽讀"匈"爲降服之"降"音。又,《漢書》卷九九下《王莽傳下》載王莽强立匈奴右骨都侯須卜當(王昭君女婿)爲"須卜善于後安公",顔師古注:"善于者,匈奴之號也。後安公者,中國之爵。兩加之。"竊疑"善于"殆王莽自創,如"服于"之類,未必胡號譯音也。

② 參看《後漢書》卷七〇《鄭太、孔融、荀彧傳》鄭太(一作鄭泰,鄭衆曾孫)言董卓擁"并、凉之人及匈奴屠各、湟中義從、西羌八種"以爲爪牙,亦見於《三國志》卷一六《魏書·任峻、蘇則、杜畿、鄭渾、倉慈傳》裴松之注引張璠《漢紀》鄭泰傳。

也。“猗”爲贊嘆美盛之詞，春秋時有猗氏，故北魏桓帝、穆帝譯名猗㐌、猗盧，不避犬旁字。滿清改“回回”爲“㺔㺔”①，此後世之澆風，豈得追責於周人耶②？

§4.1　從獯鬻至渾庾

獯鬻一作熏粥、薰粥、葷粥，《史記》卷四《周本紀》作薰育，《説苑》卷一四《至公》作勳育，對音爲 * khʷänʒük/ * khünʒük。秦漢間作渾庾。《史記・匈奴列傳》謂匈奴“北服渾庾、屈射、丁零、鬲昆。薪犂③之國”。按“渾庾”，《漢書》作“渾窳（窳）”。賈誼《新書》卷四《匈奴》篇云：“自隴西延至遼東，各有分地以衛邊，使備月氏、灌窳之變。”清盧文弨校注謂“灌窳”當作“窳渾”，恐未必是。

獯鬻之“獯”，保留於 13 世紀穆罕納（Ibn Muhannā）所録中期蒙古語 hünegen“狐狸”④一詞中。獯鬻之“鬻”所表示之後綴，則保留於阿蒲海衍（Abū-Hayyān）所録中期突厥語與馬木禄（Mamlūk）朝突

---

① 滿語稱杜鵑爲 hurhui，亦譯作“回回”。

② 世人往往誤會周人蔑視北狄而加犬旁於“狄”“獯鬻”“玁狁”，伯希和即持此論，P. Pelliot, “À propos des Comans”, *Journal Asiatique* 15（1920）：137：“la clef du chien qu’ils ont préfixées à certaines transcriptions de ce nom［...］n’est là qu’en vertu d’une habitude méprisante bien connue par d’autres transcriptions chinoises de noms de peuples étrangers.” 又，《説文》“猶”字下云：“一曰隴西謂犬子爲猷。”遂有人妄捏“‘猶太’譯名含歧視”之説。按 20 世紀初，教會新譯《聖經》爲官話，曾參據 19 世紀初蘇格蘭人馬禮遜（Robert Morrison）之文言舊譯。舊譯希臘文 Ἰουδαία（Judaea）爲“如大”（或各增“口”旁於字左），實據譯地廣東之方音。新譯改粵音爲京音，不得不易“大”爲“太”，改“如”爲“猶如”之“猶”，豈有他意？春秋時魯國有沈猶氏。《詩》《書》之“猷”音“由”，訓作“道”，固嘉字也。且中華古今人物名字帶“猷（猶）”“獻”“默”字樣者何可勝數？謂犬旁字必含貶義，洵一知半解之説也。

③ 李斯《諫逐客書》作“纖離”，《逸周書・王會解》作“孅犂”。

④ Н. Н. Поппе, *Монгольский словарь мукадимат ал-адаб*, Москва: Издательство Академии Наук, 1938, с. 438：“лисица”.

厥語 qančuq“牝犬;犬”[①]一詞之中。

§4.2 從玁狁至匈奴

《史記·匈奴列傳》:“唐虞以上有山戎、獫狁、葷粥。”吕思勉先生《中國民族史》第三章《匈奴》云:“‘葷粥’兩字,蓋係自注;史公非不知其爲一音之轉也。”按獫(玁)狁之後爲匈奴,葷粥之後爲渾庾,匈奴北服渾庾,太史公固知之,其列獫狁、葷粥爲二名,非“自注”而溷入正文者。後人因《史記集解》引晋灼云“堯時曰葷粥,周曰獫狁,秦曰匈奴”,輕信爲實,輒以“音轉”爲説,儱侗溷一,王静安先生以來“國學”諸家倡之無異詞,羃覆真相久矣!

或因“嚴”字有對譯梵語 gam 之例[②],而欲以阿卡得文所見游牧民族 Gimirri/Gimirrai[a][③]比附玁狁。然《詩·商頌·殷武》“嚴”叶“遑”,宋代吴才老(棫)已拈出之[④]。“玁狁”相當於 * qaŋyn,“匈奴”相當於 * qaŋ[y]naq。張衡《南都賦》“胷”叶“隍”。

---

① Martti Räsänen, *Versuch eines etymologischen Wörterbuch der Türksprachen*, Helsinki: Suomalais-Ugrilainen Seura, 1969, S. 230: kančuk. 奥斯曼土耳其語爲 kanǯïk, B. B. Радлов (W. Radloff), *Опыт словаря тюркскихъ наречий* (*Versuch eines Wörterbuches der Türk-Dialecte*), Том I, Часть 2, С.-Петербургъ: Императорской академии наукъ, 1893, 130: канцык “сука, die Hündin”.

② 梵語 gama,華言行,見於“首楞嚴”(梵語 śūraṃ-gama)一名。首楞嚴乃覺海性定之名,華言勇威行(威猛伏,勇伏),清乾隆時章嘉(一作彰嘉,藏文 lcang skya,蒙文 ǐjang sgy-a 或 ǰanggiya)胡土克圖剌麻(qutuγtu lam-a)繙爲藏文 dpa' bar 'gro ba 及蒙文 baγatur-a yabuγči,是爲直譯。清高宗繙爲滿文 akdun yabungga,華言堅固行,則取“一切事行畢竟堅固”之義(參鳩摩羅什[* Kumārajīβ]譯《妙法蓮華經·方便品第二》世尊偈云“是法住法位,世間相常住”)也。詞首 śūra 本亞利安語威猛勇鋭(猛士、健兒)之義,古波斯語爲 θūra/sūra。章嘉剌麻與清高宗所譯《首楞嚴經》,爲唐中宗時中印度般剌蜜諦(Pramiti)誦出、烏萇國彌伽釋迦(Meghaśikhā)譯出(房融筆受,懷廸證譯)之《大佛頂如來密因修證了義諸菩薩萬行首楞嚴經》,與東漢末季至東晋十六國時期所出《首楞嚴三昧經》諸譯不同。

③ 希臘文作 Κιμμέριοι,拉丁文作 Cimmerius,希伯來文作 Gomer。

④ 詳見朱熹《楚辭辯證下》論吴氏《補音》及論《天問》“嚴”叶“亡”之例。

"玁"一作"獫"。《説文》"獫":"長喙犬。一曰黑犬黄頭。"匈奴語詞根 * qang-(* qaŋ-)在突厥諸部方言中俱流失尾音-g,演變爲 qan,其最後流失者爲哈薩克語 qaŋšy、qanšyq"牝犬"一詞①。

當知 * qaŋ- 本爲象聲,《説文》:"獥,小犬吠。"原始阿爾泰語之初義實與此同,近日語言學家率以牝犬爲其原義,尚欠準確。吉爾吉斯語動詞 qaŋylda-、qaŋšylda-表示發出可憐之長鳴②。蒙古語動詞 γangsiqu 指狂吠③, qangginaqu/γangginaqu 指犬遭笞時叫嗥④。

猗群狺狺,蒙古語爲 γang γang⑤,滿語爲 gang gang⑥,與上古漢語"匈匈(洶洶)"之本爲象聲詞,性質實同。中古漢語字作"吅吅",如寶誌大士《十四科頌》第十四《迷悟不二》云:"陽焰本非其水,渴

① Räsänen, *Versuch eines etymologischen Wörterbuch der Türksprachen*, S. 230: kaŋšy "der weibliche Hund; die Tüffe". Калдыбай Бектаев, *Қазақша-Орысша Сөздік/Казахско-Русский Словарь*, Алматы/Алма-Ата: Қазақстан жобасы мемлекеттік тіл даму/Казахстанский проект развития государственного языка, 1995, с. 274: қаншық "сука, самка собаки".

② К. К. Юдахин, *Киргизско-Русский словабь* (*Кыргызча-Орусча сөздук*), Москва: «Советская Энциклопедия», 1985, стр. 342: каң ылда- "визжать, кричать протяжно." каң шылда- "скулить, визжать".

③ Joseph Étienne Kowalewski, *Dictionnaire Mongol-Russe-Français* (*Монгольско-русско-французскій словарь*), Kasan (Казань): Imprimerie de l'université, 1844-1849, p.980: γangsiqu "лаять, кричать, aboier, clabauder."

④ Isaac Jacob Schmidt, *Mongolisch-Deutsch-Russisches Wörterbuch* (*Монгольско-немецко-россійскій словарь*), St. Petersburg: Kaiserlichen Akademie der Wissenschaften (Императорской Академіи Наукъ)/Leipzig: Leopold Voss, 1835, S. 190: γangginaqu "wimmern, winseln (z. B. Hunde, wenn sie geprügelt werden), визжашь (напр. о собакахъ если ихъ брюшъ)". Kowalewski, *Dictionnaire Mongol-Russe-Français*, p. 730: qangginaqu/γangginaqu "продолжительно визжать (о собакахъ), pousser des hurlement plaintifs (le chien)"; p. 982: γangginaqu ~ qangginaqu "лаять, выть, визжать, aboyer, clabauder, hurler, pousser des cris perçants".

⑤ Joseph Étienne Kowalewski, *Dictionnaire Mongol-Russe-Français* (*Монгольско-русско-французскій словарь*), p. 980: γang γang "лай собачій, aboiement de plusieurs chien".

⑥ Иван И. Захаров, *Полный маньчжурско-русскій словарь* (*Manju Oros gisun-i yongkiyame isabuha bithe*), С.-Петербургъ: Типографія Императорской Академій Наукъ, 1875, с. 301: ганъ ганъ сэмэ "гавъ! гавъ! лай собакъ".

鹿狂趁怱怱。自身虚假不實,將空更欲覓空。世人迷倒至甚,如犬吠雷吅吅。”(北宋時録入《景德傳燈録》卷二九)《舊唐書·經籍志》與《新唐書·藝文志》著録寶誌《文字釋訓》三十卷,惜其書不傳也。

§5.1　匈奴語與漢語之淵源

匈奴語謂天爲“撐犁(黎)”①,學者多視之爲突厥語 tängri②、蒙古語 tngri③ 所從出,甚至謂爲漢語“天”之同源詞④或借詞⑤。然匈奴語該詞詞根“撐(摚、撐)”實近“堂”音。漢語“堂堂”本象聲詞,有壯大之義。滿語以 tang、təng 等音表堅硬、結實之義。蒙古語以 tengke 表膂力。匈奴北鄰丁零,其族名語根“丁”有强壯之義(詳本書卷下“丁零”條)。周《易》以天爲乾健之象,實可參看。

---

① 據班固所記,“匈奴姓攣鞮氏(《後漢書·南匈奴傳》“單于姓虚連題”),其國稱之曰‘撐犁孤塗單于’——匈奴謂天爲‘撐犁’,謂子爲‘孤塗’”,而公元前 89 年,狐鹿姑單于遣使致書漢孝武帝,亦有“胡者,天之驕子也”之語,俱見《漢書·匈奴傳上》。又《史記·汲鄭列傳》汲黯直言於武帝云:“渾邪率數萬之衆來降,虚府庫賞賜,發良民侍養,譬若奉驕子。”所謂“驕子”即寵子、貴胄。“撐犁孤塗”謂天之貴種,北宋賀鑄《六州歌頭》云:“不請長纓,繫取天驕種,劍吼西風。”即於“天子”作“天種”解。匈奴語“孤塗”($^{*}k^{w}ä^{ʔ}$δ[y]äk)當爲種裔之義,或出亞利安語,比較梵語 kaulya、kauleyaka“貴胄”。

② 突厥語族中唯雅庫特(Yakut)語與多爾干(Dolgan)語作 tangara,不以 -ri 收尾。

③ 王樹枏《元秘史潤文》(臺北:文海出版社,1974 年,第 51 頁)有文廷式眉批云:“‘撐黎’亦即‘滕格里’也。此匈奴古語之僅存矣。”

④ 19 世紀末,繆勒受謝鈴(Schelling)“民族起源於宗教”説之啓發,以爲先民須有共同之原始宗教,方得摶聚爲一“民族”,而民族共同語之神名(例如原始亞利安語、原始閃語各有其共同神名)即原始宗教存在之證明,故認定“天”/“撐犁”即其所謂“土蘭”(Turanian;此名出自波斯語 tūrān)民族原始宗教所奉主神之名稱,詳見 Friedrich Max Müller, *Introduction to the Science of Religion: four lectures delivered at the Royal Institution in February and May 1870*, London: Longmans, Green & Co., 1882, Lecture III.

⑤ 伯希和繼柯拉普洛(Klaproth)、貝勒津(Berezin)、郎世德(Ramśtedt)等人,傾向於“撐犁”非阿爾泰語所固有之觀點,詳 Paul Pelliot, “Tängrim > tärim”, *T'oung pao* 36–37 (1940–44): 168–9。

司馬遷《史記・匈奴列傳》記匈奴“其先祖夏后氏之苗裔也,曰淳維”①。晚清郭筠仙不信此説②。意者,夏禹“長於西羌”③,匈奴出於犬戎,而犬戎實雜有羌民,故有是説歟?

§5.2　匈奴語所受閃含、亞利安語之影響

閃含語元素與亞利安語元素並存於匈奴語彙之中。

匈奴語中之亞利安語元素	匈奴語中之閃含語元素
祁(祇)連;閼氏/焉提; 單于(丂);護于;居耆	焉(燕)支;若鞮; 比鞮;卑鞮侯; 蒲類;居盧

祁(祇)連山,舊釋爲“天山”。《史記・趙世家》叙原過從趙襄子奔保晋陽:

至於王澤,見三人,自帶以上可見,自帶以下不可見。與原過竹二節,莫通。曰:“爲我以是遺趙毋卹。”原過既至,以告襄子。襄子

① 是以《晋書》卷一〇一《載記序》云:“古者帝王,乃生奇類。淳維,伯禹之苗裔(按:言淳維乃夏禹之苗裔),豈異類哉?反首衣皮,餐羶飲湩,而震驚中域,其來自遠。天未悔禍,種落彌繁。”又,《晋書》卷一三〇《赫連勃勃載記》載,鐵弗部劉屈孑據朔方,於東晋義熙三年(407年)稱“天王、大單于”,“自以匈奴,夏后氏之苗裔也,國稱大夏”。鐵弗爲胡(南匈奴)父、鮮卑母之混血兒,一作鐵伐,有雙血統或混合雙語之涵義。劉屈孑(屈丐)自謂由父系溯源,堪稱匈奴正裔,故自詡爲夏后氏姒姓之苗裔,其漢文詔書乃有“朕之皇祖,自北遷幽朔,姓改姒氏,音殊中國”之語,更强釋“鐵伐”爲“剛鋭如鐵,皆堪伐人”(見《赫連勃勃載記》)。柔然主阿那瓌從弟登注俟利發之次子亦名鐵伐(《北齊書・文宣帝紀》)。“鐵弗”(*tīlpüč)~“鐵伐”(*tīlbäč)當屬方音之異。

② 郭嵩燾《史記札記》卷五下案云:“人生受姓,皆托始帝王,推至戎狄,皆然。以匈奴爲夏后氏苗裔,周、秦間人語也,史公仍而録之。”

③ 《後漢書》卷八三《逸民傳》戴良云“仲尼長東魯,大禹出西羌”,章懷注引西晋皇甫士安(謐)《帝王[世]紀》曰:“夏禹生於石紐,長於西羌,西夷之人也。”

齊三日,親自剖竹,有朱書曰:“趙毋卹,余霍泰山(《集解》:“徐廣曰:在河東永安縣。”)山陽侯天使也。三月丙戌,余將使女反滅知氏。女亦立我百邑,余將賜女林胡之地。至于後世,且有伉王,赤黑,龍面而鳥噣,鬢麋髭頿,大膺大胸,脩下而馮,左衽界乘,奄有河宗,至于休溷諸貉(《正義》:“音陌。自河宗、休溷諸貉,乃戎狄之地也。”),南伐晋别,北滅黑姑(《正義》:“亦戎國。”)襄子再拜,受三神之令。於是趙北有代,南并知氏,彊於韓、魏。遂祠三神於百邑,使原過主霍泰山祠祀(《正義》:“《括地志》云:三神祠今名原過祠,今在霍山側也。”)。

趙武靈王“鳥噣”“大膺”,其先與秦(嬴姓)共祖,同是中(仲)衍之後,《史記·秦本紀》謂大廉(鳥俗氏,大費之子)玄孫仲衍“鳥身人言”,《秦始皇本紀》記嬴政“長目,摯鳥膺”,皆上古鳥俗[①]之反映也。趙襄子之母爲狄女,襄子娶空同氏。張守節《史記正義》引《括地志》謂肅州福禄縣東南六十里與原州平高縣西百里各有崆峒山,兩處俱

① 太史公於《秦本紀》末云:“秦之先爲嬴姓,其後分封,以國爲姓,有徐氏、郯氏、莒氏、終黎氏、運奄氏、菟裘氏、將梁氏、黄氏、江氏、脩魚氏、白冥氏、蜚廉氏、秦氏。然秦以其先造父封趙城,爲趙氏。”可知郯國亦嬴姓,《左傳·昭公十七年》郯子云:“我高祖少皞摯之立也,鳳鳥適至,故紀於鳥,鳥師而鳥名。”少皞(昊)稱摯,即摯鳥也。郯子列舉鳥官司職,“玄鳥氏,司分者也;伯趙氏,司至者也。青鳥氏,司啟者也;丹鳥氏,司閉者也;祝鳩氏,司徒也;鴡鳩氏,司馬也;鳲鳩氏,司空也;爽鳩氏,司寇也;鶻鳩氏,司事也”,可知“伯趙”亦是鳥名,當比較梵語禽名 pratuda(鷲、鴉之屬)。《秦本紀》言秦之先大費在帝舜時“調馴鳥獸”,“是爲柏翳,舜賜姓嬴氏”。大費“玄孫曰費昌,子孫或在中國,或在夷狄”,仲衍“玄孫曰仲潏,在西戎,保西垂”,仲潏子曰蜚廉,死葬霍泰山。伯(柏)翳爲秦、趙之祖。據《周本紀》,祭公謀父諫周穆(繆)王毋征犬戎,有“今自大畢、伯士之終也,犬戎氏以其職來王”之語,大畢、伯士乃犬戎二君(《史記正義》引東漢賈逵説)之名。愚謂“柏翳”與“伯士”同爲戎語對音,借自亞利安語,比較梵語鷹鷲之名 pājika、prājika。《後漢書》卷六〇下《蔡邕傳》録邕所作《釋誨》云“昔伯翳綜聲於鳥語”,是古有翳(一作益)解鳥語之説。《漢書》卷五七上司馬相如《子虛賦》“拂翳鳥,捎鳳凰”句,魏博士張揖云:“《山海經》曰九疑之山有五采之鳥,名曰翳鳥也。”參看本書卷下〈思誤書〉論匈奴禽號“且(沮)渠”“當户(扈)”“章渠”等處。

古西戎地,是襄子妻空同氏亦爲戎女。山陽侯是霍泰(太)山之山神,山神稱"天",故其使者曰"天使"(《風俗通·皇霸·六國》作"霍太山陽侯大吏",蓋傳寫之誤)。所謂"祁連"爲"天",實就山神之義而言,非天穹之謂①。此如藏語 lha 爲"神"義,施於王號與神山之名,兼以譯指梵語之"提婆(deva)"天,而有别於天空(藏語 gnam)之天。趙襄子家族源出於戎,其信仰山神(所謂"天")實不異匈奴風俗。《史記·刺客列傳》記趙襄子滅智(知)伯,"漆其頭以爲飲器",此與《史記》卷一二三《大宛列傳》載"匈奴[老上單于]破月氏王,以其頭爲飲器"一事反映相類之風俗。

匈奴語"祁(祇)連"即 * γᵊran,借自康居語 γrān-xutāw"山(複數,群山)主"(即山神)。匈奴語"祁連"又借入代北鮮卑語爲"綦連(* γïran)"②。牧民傍山畜牧,其俗以牧畜孳蕃端賴山神福佑爲信仰③,故《史記索隱》注《匈奴列傳》"祁連山"引《西河舊事》載匈奴歌曲譯文有"亡我祁連山,使我六畜不蕃息"之語。

《魏書》卷一〇二《西域列傳·康國傳》云:

> 康國者,康居之後也。遷徙無常,不恒故地,自漢以來,相承不絶。其王本姓温,月氏人也。舊居祁連山北昭武城,因被匈奴所破,西逾葱嶺,遂有其國。

---

① 或據"祁連"切音,遽爲"天"字臆構種種"古音",非是。匈奴語指昊天之詞語自是"撐犁"。

② 《北齊書》卷四一《綦連猛傳》:"字武兒,代人也。其先姬姓,六國末,避亂出塞,保祁連山,因以山爲姓。北人語訛,故曰綦連氏。"勞費爾謂"祁連"即滿文 kulun, Berthold Laufer, *Sino-Iranica*, Chicago: Field Museum of Natural History, 1919, p. 326,其説非是。按滿文 kulun 之詞根爲 kulu-,義爲"健",借以繙譯《易》卦之"乾"(《易傳·説卦》七:"乾,健也。"),而 kulun 本無"天"義。勞氏於此,似有誤會。清高宗年號"乾隆",藏文爲 gnam skyong,蒙古文爲 tngri-yin tedkügsen,此"乾"指天(藏文 gnam,蒙古文 tngri),滿文作 abkai wehiyehe,以 abka 方是"天"故耳。

③ 参看《魏書》卷七四《尒朱榮傳》記白蛇令契胡尒朱新興畜牧蕃息,尒朱新興偕尒朱榮登高山,游祁連池上,"魏言天池也"。契胡視白蛇爲山神之化身,故有此説。

據《魏書·康國傳》,康居人西遷之先,曾附屬於月氏勢力,在祁連山脉北面一帶游牧。匈奴奪其牧地,而襲用舊名。“祁連”實爲康居語,梵語則爲“祇離”(giri)。

至於天山之“天”恐亦非蒼天之天,當讀“祆”音,爲 *h-聲母,如天竺= *hind[a]uka-(賢豆= *hindu-)之例。崑崙(崐崘)山之名亦與康居語 γrān 音近,如佛經舊譯天龍八部之一“阿羞倫/阿須倫/阿須輪”當爲西域方言譯音,可比較焉耆語(Tocharian A)之 asurāñ(主格複數式),“侖”對譯 rān 音①。然北魏菩提留支譯《大薩遮乾尼子所説經》卷一《序品》,音譯梵語鳥名 krauñca 爲“崑崙遮”;隋闍那崛多譯《佛本行集經》卷四九《五百比丘因緣品》時,徑以“崑崙”二字當 krauñca。蓋梵語 krauñca 爲鳥名,亦爲山名,在雪山(himavat, himālaya)山脉東側。可知公元5—6世紀北印度譯師持“崑崙山 = krauñcavat”之觀點②。梵語 krauñca 與 kaṅka 同指涉禽,竊疑“康居”一名亦與 kaṅka 有關也③。

“焉支”或“燕支”即匈奴語 $*^{ʔ}$arγ^{ə}-,借自 *'arγ$^{[ə]}$wān。此詞本非伊朗語,而匈奴誤析其語尾爲伊朗語後綴-wān(-u̯an),故截去之,致與后妃稱號“閼氏”相混矣④。“閼氏”,王充《論衡》卷一六《亂龍

---

① 鳩摩羅什譯“阿修羅”與玄奘譯“阿素洛”則爲 asura。

② 饒宗頤先生《論釋氏之崑崙説》獨未及此,未審何故。見饒氏《梵學集》,上海:上海古籍出版社,1993年,第289—301頁。

③ Cf. Manfred Mayrhofer, *Etymologisches Wörterbuch des Altindoarischen*, Heidelberg: C. Winter, 1986, I, 289: kaṅká- “eine Raubvogel-Bezeichnung”.

④ 勞費爾推測“燕支”爲古伊朗語失傳之語詞, B. Laufer, *Sino-Iranica*, p. 327:“*yen-či* represents a word from an old Iranian dialect now extinct, or an Iranian word somehow still unknown”. 貝利遂擬“燕支(臙肢)”爲 *arčīk,舉伊朗語 ark-“明亮”> arčīč“錫”爲釋,如古印度語 śauk- > śukra,指白色,而伊朗語 sauk- > surx,卻指紅色。貝利以爲由伊朗語詞根 *xat-,派生出帶 -auna- 後綴之 xātūn,借入突厥語爲“可敦”(qatun);又派生出帶 -ika- 後綴之 *xātika-,即匈奴語“閼氏”, Bailey, *Indo-Scythian Studies*, pp. 35 - 36, 129。按突厥語“可敦”實演變自“可賀敦”(qaγatun),與“可汗”(qaγan)同源。《周書》卷五〇《突厥傳》載土門自號“伊利可汗”,“猶古之‘單于’也”,又“號其妻爲‘可賀敦’,亦猶古之‘閼氏’也”。此謂突厥語“可賀敦”、匈奴語“閼氏”二名稱相應而非相等,應知。

篇》録有異譯“焉提”①。“提(是)”古音通“氏”;“閼”音“安(頞)”,對譯 ar-。比較康居語 arγ“價值”,梵語 argha“價值”、arghya“尊貴”,知“閼氏”當有貴重之義。

康居(粟特)語紫色 arγawān 是借自阿拉米(Aram)語 ’argwānā②。希伯來語作 ’argāmān,源出阿卡得語 argamannu,指染成紫赤色之羊羢,一指貢品③。匈奴語“焉支”本指紫赤色澤,《史記》卷一二九《貨殖列傳》“地饒巵、薑”,裴駰《史記集解》注“巵”字引徐廣曰:“音支,烟支也,紫赤色也。”司馬貞《史記索隱》注“閼氏”,引東晋習鑿齒《與燕王書》云:“山下有紅藍,足下先知不?北方人探取其花染緋黄,挼取其上英鮮者作烟肢,婦人將用爲顔色。吾少時再三過見烟肢,今日始視紅藍,後當爲足下致其種。匈奴名妻作‘閼支’,言其可愛如烟肢也。閼音煙。想足下先亦不作此讀《漢書》也。”④

---

① 《亂龍篇》記漢武帝令人爲金翁叔(金日磾)先母設圖像於甘泉殿上,署曰“休屠王焉提”。日磾爲匈奴休屠王太子。按西晋懷帝時,東部鮮卑務勿塵爲“大單于”,子段匹磾爲“左賢王”,十六國時西秦乞伏國仁有左輔獨孤匹蹄,劉宋時沮渠蒙遜有從子日蹄(《通鑑》作“白蹄”),疑“匹磾”“匹蹄”“日(白)蹄”即匈奴語“日磾”之遺。

② 該詞借入波斯語爲 arghuwān,詞典多以“紫色、紫荆”爲釋(如 Jean Jacques Pierre Desmaisons, *Dictionnaire Persan-Français*, Rome: Typographie Polyglotte, 1908, T. I, p. 56: arghovan),蓋以波斯文辭書《確鑿之論據》(*Burhān-i qāṭi’*)所釋爲依據。波斯詞客騷人以 arghuwānī (arghovānī)一詞詠酡暈,猶漢語詩文“胭(臙)脂”之用法也。此詞亦存於塔吉克語中(М. Ш. Шукуров, В. А. Капранов, Р. Хошим, Н. А. Маъсумӣ, *Фарҳанги забони тоҷикӣ*, Москва: «Советская энциклопедия», 1969, с. 112: argavon, arguvon)。

③ A. Leo Oppenheim et al., *The Assyrian Dictionary*, Vol. 2, Illinois: The Oriental Institute of the University of Chicago, 1968, p. 253: “red purple wool; tribute”.

④ 東晋以降,“支”字對音已從 g- 聲轉爲 č- 聲,如唐宋人音譯粟特文、迴紇文 Zrwšč 爲“蘇魯支”(祆教先知 Zaraϑuštra, Zōroastrēs)之例。習彦威或從西域賈胡得聞康居語 inč(女人)一詞,誤爲連類,故有此説。顔師古《匡謬正俗》卷五第 6 頁(《關中叢書》)曾嗤其説。然同音字或近音詞(quasi-homophone)混一,向來不乏其例,如指帶頭之“鮮卑(師比)”與指瑞獸之“鮮卑”,及指帶頭之“兔鶻(吐鶻)”與指鷙禽之“兔鶻”(詳《還音(轉下頁)

焉(燕)支山區有野生紅藍①,擷其英鮮,挼作染料與胭紅,故《史記索隱》引《西河舊事》所録匈奴民歌有“失我燕支山,使我嫁婦無顔色”之語。紫色介于紅、藍色之間。光譜色度由藍漸紅,有紫藍而微染紅暈者,謂之紫赤色。中唐詩人李賀《雁門太守行》有句云:“角聲滿天秋色裏,塞上燕脂凝夜紫。”即謂此也。

匈奴大首領“單于(亏)”即 * ẓarˀvat/ * ẓarˀvar/ * ẓarˀvart②,其來源當爲亞利安語 * čarx-vart < čaxr-vart③,華言“轉輪[王]”。可比較

(接上頁)雜録》卷下《鮮卑與兔鶻》)即是。又,據吴宓日記,陳寅恪嘗謂:“中國之‘胭脂’一字(sic),乃譯自佛語,半以‘月’,餘一半則摹其音者耳。”(吴學昭《吴宓與陳寅恪》,北京:清華大學出版社,1992 年,第 11 頁)似寅老以梵語妝用脂膏 añjana 爲“燕支(臙肢)”之語源,以該詞兼有指“夜分”之義項,故曰“半以‘月’”云。第寅老當不至誤讀“支(肢)”字古音,豈吴氏偶然轉述未全耶?

① 在紀元初羅馬帝國,燕支(希臘文作 ἀργεμώνη, Dioscorides: II.117)指一種開“腓尼基”色(φοινικοῦν,朱紅色)花朵之罌粟。今植物學分類沿用其名(argemōnē)指罌粟科(*Papaveraceae*)薊罌粟屬植物。西晋崔豹《古今注》卷下謂燕支“葉似薊,花似蒲公,出西方”,似非指菊科(*Asteraceae*)之紅花(*Carthamus*)。落葵(*Basella*)亦有“胡燕脂”“胭脂豆”之稱,以其籽豆汁液可作紫色染料故。燕支在波斯則指山區野生(kūhī)之紫荆,乃豆科(*Fabaceae*)植物,至公元 14 世紀,已有園育藝植(bustānī)之品種,亦思法杭(Iṣfahān)城中多用以美化庭苑泉池,見於元代剌錫都丁(Rashīduddīn Faẓlullāh Ḥamadānī)所著農書,Manoochehr Sotoodeh & Iraj Afshar eds., *Āthār wa Aḥyā'*, Tehran: McGill University, Institute of Islamic Studies, Tehran Branch & Tehran University, 1989, p. 68。

② 蒲立本擬“單于”爲 * dān-ĥwâĥ,反映 * dārγā 或 * dārγʷā,謂即突厥語“達干”(tarqan)、蒙古語“答剌罕”(darqan)所自出,E. G. Pulleyblank, “The Consonantal System of Old Chinese”, *Asia Major* 9 [1962]: 256。然以“達干”品秩之卑,何足高攀大單于之號耶? 故德國學者竇弗爾謂蒲説“極可疑”(alles höchst zweifelhaft), Gerhard Doerfer, *Türkische und mongolische Elemente im Neupersischen*, Band II, Wiesbaden: Franz Steiner Verlag GmbH, 1965, S. 471。至若蒲氏强改“護于”爲“護干”以比附“可汗”,雖有學者附和其説(例如 Igor de Rachewiltz, “The Title Činggis Qan/Qaγan Re-examined”, Walther Heissig & Klaus Sagaster hrsg., *Gedanke und Wirkung: Festschrift zum 90. Geburtstag von Nikolaus Poppe*, Wiesbaden: Otto Harrassowitz, 1989, pp. 290,293),其實亦屬無據。

③ 粟特文之轉輪王即作 čaxr-vart。

後世奧斯曼土耳其語由新波斯語借入 čarx“輪”,突厥方言如喀拉柴(Karačay)、庫覓(Qumyk)、土庫曼(Turkoman)、巴爾喀兒(Balkar)語皆保留此形式①。新波斯語 čarx 除“輪”義外,復有“天穹”②之義。

“單”對 čar(ẓar),如鄯善(禪善)之爲 čärčän(*ẓärẓän)。古音“于”通“曰”③,《爾雅·釋詁》:“粵、于、爰,曰也。”其用於地名音譯,如“于(宇)闐(寘、填)”應參看于闐文 hvataṃ(hvatana-)④,“于”

① Martti Räsänen, *Versuch eines etymologischen Wörterbuch der Türksprachen*, Helsinki: Suomalais-Ugrilainen Seura, 1969, 100.

② Desmaisons, *Dictionnaire Persan-Français*, T. I, p. 632: “globe celeste, voûte des cieux, ciel”.

③ “曰”字見於佛典對音者,如“鬱單曰(越)”。“鬱單”對 uttar-,“曰(越)”似對*vat。

④ “于闐”,佉樓書(Kharoṣṭhī,佉盧/佉留文)作 khotaṃna,粟特文作 γwδn-(xuδan-, xutan-),玄奘《大唐西域記》卷一二記唐代諸胡稱“豁旦”。奘師又記“匈奴謂之‘于遁’”,按唐人雖有稱突厥爲“匈奴”之習慣(例如《舊唐書》卷六二《李大亮傳》載亮疏有“突厥未平之前,尚不安業;匈奴微弱已來,始就農畝”之語),然奘師此處似指唐代之鐵勒。《史記·匈奴列傳》匈奴左方兵直雲中,右方兵直酒泉、燉煌郡一段,《正義》引《括地志》云“鐵勒國,匈奴冒頓之後,在突厥國北”。又,須知“于遁”之“于”是據唐音,而“于闐”之“于”本依兩漢古音。頗疑“于遁”是鐵勒借用粟特語而加以圓唇化爲*hwdwn,元代蒙古語“斡端”脱落起首輔音 h- 而爲 odon(藏文將之轉寫作 o thon)。昔法國伯希和由蒙古語 odon 逆推匈奴語爲*'odan,謂即漢譯“于闐”一名之所本,而*'odan 是從彼所設想之公元前 2 世紀古名*Godan 演變而來。伯希和謂“于”字未見於佛典對音(hardly ever used in Buddhist transcriptions),而頻見於匈奴詞語之早期譯音(of rather frequent occurrence in early transcriptions of Hsiung-nu words),故推斷漢文“于闐”必從匈奴語譯出,P. Pelliot, *Notes on Marco Polo*, Paris: Adrien-Maisonneuve, 1959, Vol. 1, p. 412。按伯説可疑之處在于:(一)匈奴名稱帶“于”者,有“單于”“護于”“呼于耆王”“當于”“駒于利受”,而佛典對音亦非無帶“于”者,如:龍王名“阿于樓”(法立、法炬譯《大樓炭經》),佛名“須耶維于沙”,佛刹(“刹”舊譯亦作“蔡”)名“那維于”及“和羅那維于”(支謙譯《佛説阿彌陁三耶三佛薩樓佛檀過度人道經》),聚落名“惟于陵”(支謙譯《佛説七女經》),洲名“弗于逮”(法炬譯《佛説頂生王故事經》、曇無讖譯《佛説文陀竭王經》等)諸例,安得謂佛典絶無、匈奴獨有耶?(二)不必逐一勘驗,試比較佛典“瞿耶尼”(Godānīya)譯名,並以伯氏擬音覈對佛典“弗于逮”譯名,便見枘鑿不合,决知伯説不實矣。

對 hvat①；又“弗于逮”爲* pūrvadvī-，梵文 pūrvadvīpa（“弗婆提”），于闐文 pūrvadvīya，“于”對 vad②。“于”作爲音譯字，可參看“扜”字③與“雩（謣）”字④之譯例。洎唐，善於糅合漢地文化與印度文化之吐蕃人欲將“于闐”之唐音牽合梵語之“瞿薩旦那”（goṣṭhāna），故將漢文“于闐”轉寫作 'u then。

---

① 參看後漢月氏人支婁迦讖譯《道行般若經》卷二及《佛説兜沙經》之“惟于潘”，可還原爲* vṛhat-phāl（梵語 bṛhat-phala，華言廣果），“于”對 hat。

② 隋唐以前，“于”亦可用爲 var 之對音，參看卓鴻澤《歷史語文學論叢初編》，上海：上海古籍出版社，2012 年，第 63、66 頁。

③ 漢代胡語譯名多用“扜”或“杅”字。《史記》西域有扜罙國，《漢書》作扜彌國。又《漢書》記小宛國王治所在扜零城，鄯善國在扜泥城（學者多認佉樓文所見 khvani 爲扜泥，然“泥”字古音實對 nir、nit，未能當人意也）。《漢書》卷五四《李廣、蘇建傳》：“陵在匈奴歲餘，上遣因杅將軍公孫敖將兵深入匈奴迎陵。”孟康注：“因杅，胡地名也。”《史記》卷二〇《建元以來侯者年表》武帝建元四年（前 137 年）封小月氏王扜者爲瓡（狐）讘侯。

④ 今存大藏中三國時東吴月氏居士支謙（支恭明）譯《佛説慧印三昧經》云“生須摩訶提，見阿彌陀佛”，西晋聶道真居士譯《菩薩受齋經》云“至須訶摩持拘樓檀阿彌陀佛前受得三昧禪”。按“須摩訶提”本當作“須訶雩提”，即月氏胡語* suhāvadī（梵文“須佉筏底”sukhāvatī，于闐文 suhāvatä）之對音，“雩提（持）”對 vadī。不知何時“雩”始訛爲“摩”（“雩”字“雨”下爲“于”），其後抄者失察，緣佛典常見“摩訶”一詞，致誤其語序。胡語“樓檀”，華言世界，“拘”字或因佛號“拘樓秦”（胡語* Kraučand？一譯拘留孫，“孫”音近“旬”，如月氏胡語“由旬”，康居粟特語 yučan 最爲近之）而衍。僧祐《出三藏記集》卷七於王僧孺《慧印三昧及濟方等學二經序讚》後附《別記》云：“祐少尋經律，竊閲諸部之奥。但一切變易，萬事遷訛，所以古今同異，觸類皆有。故‘魚’謬爲‘魯’，‘陶’誤成‘陰’。”祐公所云，殆皆實情。又支謙譯《佛説阿彌陁三耶三佛薩樓佛檀過度人道經》卷上云“阿彌陀佛……所居國土名須摩題”，支讖譯《佛説無量清浄平等覺經》卷一云“無量清浄佛……所居國名須摩提”及《佛説般舟三昧經》卷一《行品》佛告颰陀和（賢護）正士“念西方阿彌陀佛今現在，隨所聞當念，去此千億萬佛刹，其國名須摩提”，其“須摩題”“須摩提”亦爲“須雩題”“須雩提”之訛。《出三藏記集》卷三《新集安公失譯經録》有《賴吒諬羅經》一種，“賴吒諬羅”即“賴吒惒（和）羅”之異譯，“謣（諬）羅”即中亞俗語 vāla（梵語 pāla）之對音，竺朔佛、支讖譯《佛説般舟三昧經》及西晋竺法護（支法護）譯《正法華經》卷九《常被輕慢品》颰陀和之“和”即此 vāla 之簡譯，相當於鳩摩羅什譯《妙法蓮華經》卷六《常不輕菩薩品》跋陀婆羅之“婆羅”，或什譯《佛説千佛因緣經》跋陀波羅之“波羅”。

班固《漢書》卷九四上《匈奴傳上》云:“‘單于’者,廣大之貌也,言其象天單于然也。”按許慎《説文》云:“單,大也。”《國風·鄭風·東門之墠》毛傳云“墠音善”“除地町町者”。町即坦。劉熙《釋名·釋天》云:“天,坦也,坦然高而遠也。”《老子》七三章云:“天之道,不争而善勝……,繟然而善謀。”馬王堆漢墓出土帛書《德經》乙本“繟然”作“單”,亦坦然之義。班固之訓釋是以輪之圓象天之圜(參看《淮南子·精神訓》:“頭之圓也象天”),而又以“廣大”釋轉輪王轍迹無遠弗屆之義。

“單于”號當是匈奴擺落月氏羈勒,進而西逐月氏、東破東胡之後,其大首領方始僭用之稱。冒頓以前所謂“單于”恐係追加。

《史記》卷一一〇《匈奴列傳》云:“匈奴謂賢爲‘屠耆’,故常以太子爲左屠耆王。”《史記集解》引徐廣曰:“‘屠’一作‘諸’。”頗疑“屠耆”(*δraγïr)①爲“尉屠耆”(*huδraγïr)之略譯②,借自古伊朗語*hu[ba]δrakṛt[a]-,相當於梵語 bhadrakṛt“造就幸福”,而 bhadra 亦有“賢善”“仁賢”等義,故漢人譯“屠耆王”爲“賢王”也。

《漢書》卷九四下《匈奴傳下》云:

> 烏累單于咸立,以弟輿爲左谷蠡王。烏珠留單于子蘇屠胡本爲左賢王,以弟屠耆閼氏子盧渾爲右賢王。烏珠留單于在時,左賢王數死,以爲其號不祥,更易命“左賢王”曰“護于”。護于之尊最貴,次當爲單于,故烏珠留單于授其長子以爲護于,欲傳以國。咸怨烏珠留單于貶賤己號,不欲傳國,及立,貶護于爲左屠耆王。

按:“護于”對音爲*$\gamma^{w}a^{ʔ}$var/*$\gamma^{w}a^{ʔ}$vat,借自古伊朗語。前一音節可釋爲古伊朗語 huu̯a“善好”,後一音節可能借自 vard 或 vart。就第二

---

① 比較佛典所載羅閱祇(龜茲語 Rājagrī,梵語 Rājagṛha,華言王舍)城之靈鷲山(靈鳥頂山),其山據月氏語音譯作“耆闍崛”(*Gṛdhrakūl/*Gṛdhrakūṭ < 梵語 Gṛdhrakūṭa)。

② 樓蘭王弟有名尉屠耆者,見《前漢書》卷九六上《鄯善國傳》。公元 77 年,義渠人傅介子刺殺樓蘭王,漢改樓蘭爲鄯善國,尉屠耆爲鄯善第一任國王,以漢宫女爲夫人。

種可能而論，古伊朗語 vart 爲轉義，則護于爲“善轉”，指其爲候補轉輪王（候補單于）而言。就第一種可能而論，古伊朗語 vard 爲成長義，則護于爲“善長”。單于因左賢王（左屠耆王）屢死，以爲不祥，故將左屠耆王易名爲護于，冀其太子（儲君）色力增長、沛然茁壯，得紹單于位耳①。

公元 13 年，云（伊墨居次，王昭君在匈奴國所生女）與夫婿當（右骨都侯，須卜氏）執掌匈奴國政事，立咸爲“烏累若鞮單于”。咸先已爲王莽授予“孝單于”之號，既立爲烏累若鞮單于，乃貶護于爲左屠耆王。《漢書》卷九四下《匈奴傳下》云：

單于咸立五歲，天鳳五年死，弟左賢王輿立，爲呼都而尸道皋若鞮單于。匈奴謂孝曰“若鞮”。自呼韓邪後，與漢親密，見漢謚帝爲“孝”，慕之，故皆爲“若鞮”。

所謂自呼韓邪（* qaqanδ［y］aγ? * qaqalδ［y］aγ?）單于後皆爲“若鞮”，是自雕陶莫皋（復株絫若鞮單于）始，事載《漢書》同卷《匈奴傳下》：

王昭君號“寧胡閼氏”，生一男伊屠智牙師，爲右日逐王。呼韓邪立二十八年，建始二年死。始呼韓邪嬖左伊秩訾兄呼衍王女二人：長女顓渠閼氏，生二子，長曰且莫車（按：後爲車牙若鞮單于），次曰囊知牙斯（按：後爲烏珠留若鞮單于）；少女爲大閼氏，生四子，長曰雕陶莫皋，次曰且麋胥，皆長於且莫車，少子咸、樂二人，皆小於囊知牙斯。又它閼氏子十餘人。顓渠閼氏貴，且莫車愛。呼韓邪病且死，欲立且莫車，其母顓渠閼氏曰：“匈奴亂十餘年，不絶如髮，賴蒙漢力，故得復安。今平定未久，人民創艾戰鬥，且莫車年少，百姓未附，恐復危國。我與大閼氏一家共子，不如立雕陶莫皋。”大閼氏曰：“且莫車雖少，大臣共持國事，今舍貴立賤，後世必亂。”單于卒從

---

① 貝利謂“單于”即伊朗語 * yāvu［ka］（“troop-assembler”，“leader”），“護于”即伊朗語 * huvu［ka］／* hāvu［ka］（“supreme”，“ruler”），Bailey，*Indo-Scythian Studies*（Khotanese Texts VII），pp. 32－3。若音若義，均嫌差忒。

顓渠閼氏計，立雕陶莫皋，約令傳國與弟。呼韓邪死，雕陶莫皋立，爲"復株絫若鞮單于"。復株絫若鞮單于立，遣子右致盧兒王醯諧屠奴侯入侍，以且麋胥爲左賢王，且莫車爲左谷蠡王，囊知牙斯爲右賢王。復株絫單于復妻王昭君，生二女，長女云爲須卜居次，小女爲當于居次。

按：呼韓邪單于稽侯狦終立大閼氏所生年長之雕陶莫皋爲嗣位單于，而不立所愛但年少之且莫車，實懲匈奴國前代之亂，《漢書》卷九四上《匈奴傳上》云：

［狐鹿姑］單于有異母弟爲左大都尉，賢，國人鄉之，母閼氏恐單于不立子而立左大都尉也，乃私使殺之。左大都尉同母兄怨，遂不肯復會單于庭。又單于病且死，謂諸貴人："我子少，不能治國，立弟右谷蠡王。"及單于死，衛律等與顓渠閼氏謀，匿單于死，詐撟單于令，與貴人飲盟，更立子左谷蠡王爲壺衍鞮單于。是歲，始元二年也。……左賢王、右谷蠡王以不得立，怨望，率其衆欲南歸漢，恐不能自致，即脅盧屠王，欲與西降烏孫，謀擊匈奴。盧屠王告之，單于使人驗問，右谷蠡王不服，反以其罪罪盧屠王，國人皆冤之。於是二王去居其所，未嘗肯會龍城。後二年秋，匈奴入代，殺都尉。單于年少初立，母閼氏不正，國内乖離，常恐漢兵襲之。

可知母閼氏及嗣子之"正"與否，關係匈奴王族宗種合法性以及匈奴國治亂至爲深遠。雕陶莫皋得繼位爲復株絫單于，而必在尊號中加上"若鞮"以成"復株絫若鞮單于"，其義端在於是。《史記》卷一一〇《匈奴列傳》記中行説反駁漢使質難，有云：

［匈奴］父子兄弟死，取其妻妻之，惡種姓之失也。故匈奴雖亂，必立宗種。

由此觀之，單于號所用修飾語最末一詞"若鞮"，其與漢帝謚"孝"之類比，須就此胡、漢二詞在各自文化結構中之位置加以理解，殆取其宗統正當性（如嫡出、繼承權合法與否）之一義。

漢人“鞮”“兜”每互用,如鞮鍪一作兜鍪①,兩字俱帶收煞尾音②。“若鞮”漢譯爲强調匈奴語收煞語尾,故在第一音節先用同類收煞音之“若”(“若”與“藉”音義相通)字,其原型當爲 * ẓadĭq③,非

① 破城子探方二〇、四〇、四九、五三、六五、破城子房屋八、二二及甲渠塞第四燧探方二出土諸漢簡,有作“鍉瞀”“鞮瞀”“鍉鍪”“兜瞀”者,見甘肅省文物考古研究所、甘肅省博物館、文化部古文獻研究室、中國社會科學院歷史研究所編《居延新簡: 甲渠候官與第四燧》(北京: 文物出版社,1990 年),第 69—70、142、144、295、425、468、497、517、566 頁。上古波斯語 tigraxauδā(尖頂帽)相當於漢文鍉鍪。“鍉(鏑 * tig)”即 tigra,華言箭鏃、箭鋒。

② 比較“醍醐”之“醍”。北涼曇無(摩)讖(* Tarmakṣem;梵語 Dharmakṣema)譯《大般涅槃經》卷十四《聖行品》云:“譬如從牛出乳,從乳出酪,從酪出生酥,從生酥出熟酥,從熟酥出醍醐,醍醐最上,若有服者衆病皆除,所有諸藥,悉入其中。善男子! 佛亦如是,從佛出生十二部經,從十二部經出修多羅,從修多羅出方等經,從方等經出《般若波羅蜜》,從《般若波羅蜜》出《大涅槃》,猶如醍醐。言醍醐者,喻於佛性。佛性者,即是如來。”《舊唐書》卷一五五《穆寧傳》穆寧教子有方,唐五代“士大夫言家法者,以穆氏爲高”,其四子穆贊、穆質、穆員、穆賞“俱有令譽而和粹,世以‘滋味’目之: 贊俗而有格,爲‘酪’;質美而多入,爲‘酥’;員爲‘醍醐’;賞爲‘乳腐’”。按“醍醐”對音,可參看梵語 dugdhāgra(乳皮、奶酥)或 dādhika(凝乳所製,dadhi 是作爲解藥之酸凝乳),“醍”或爲 dug 或 dhik 之對音。貝利則舉阿韋私陀波斯語 tāyuri-、tūiri-(酸奶)、奥謝金語 tāuāg、tuāg(酸)、古保加爾(Bulgar)語 tvarogŭ(凝乳)等例爲説,並以伊朗語 fšau-: fšu- 釋“酥”,Bailey, *Indo-Scythian Studies* (Khotanese Texts VII), pp. 31 – 2。另參看《魏書 · 西域傳 · 悦般國傳》記北匈奴單于爲竇憲所逐、西走康居時,部衆中羸弱不能度金微山者住龜兹北,其後裔即烏孫西北之悦般國人,“凉州人猶謂之‘單于王’”,“其風俗言語與高車同,而其人清潔於胡。俗剪髮齊眉,以醍醐(按:《北史》作“餸餬”)塗之,昱昱然光澤(按: 參看阿韋私陀語稱光煜爲 raoχšna-,稱酪爲 raoγna-),日三澡漱,然後飲食。”又,酥油一稱“油醍醐”,唐菩提流志譯《授幻師跋陀羅記會》(見《大寶積經》卷八五)彌勒菩薩説偈:“如火得蘇油,展轉而增盛。”西晋支法護(竺法護)譯《佛説幻士仁賢經》作“油醍醐澆火,其明益熾盛”。“酥”或出自月氏語,接近龜兹語 śar、梵語 śara/sāra。

③ 參看“安若”譯例。“安息”爲帕提亞語 Aršak('ršk)對音,而“安石榴”“安若榴”意謂此榴是由“安石”“安若”亦即“安息”所輸入者。又據《後漢書 · 西域傳》,王莽時,匈奴略有西域,東漢興,莎車率鄰國拒匈奴。莎車有康、賢兄弟先後爲王,康子有橋塞提,賢立之爲拘彌王、大宛王。“橋塞提”對胡音 * gausadik,梵語 gauśatika,華言擁百牛。“塞”字爲 -k 收聲,譯胡音時重複 dik 之尾音耳。

前後音節真以 -q 聲收尾也。比較閃語“公義、合法性”，如阿卡得語 ṣaduq（人名作 ṣaduqa），希伯來語 ṣaddîq（人名作 ṣadoq）、ṣedeq（可用作神祇名及人名）①。匈奴語“若鞮”本義應同，匈奴用於類比漢語之“孝義”②。

匈奴語譯名中之“鞮”（*dïq）字，時或代以“犢”（*duq）字，如匈奴單于子弟王號有左右温禺鞮（《後漢書·竇憲傳》），一作温禺犢（《後漢書·南匈奴傳》）。《魏書·蠕蠕傳》載柔然西部主名緼紇提，“緼紇提”當是匈奴語“温禺鞮”之遺迹也。

公元前 53 年，匈奴女所生之烏就屠襲殺泥靡，自立爲烏孫國昆彌，楚公主解憂所生子（所謂“漢外孫”）元貴靡③不獲立爲昆彌，大漢特遣破羌將軍、前任酒泉太守辛武賢帶兵至敦煌，準備進討烏孫。《漢書》卷九六下《烏孫國傳》云：

漢遣破羌將軍辛武賢將兵萬五千人至敦煌，遣使者案行表，穿卑鞮侯井以西，欲通渠轉穀，積居廬倉以討之。

按卑鞮侯井即後世所謂坎兒井④。此穿井技術爲大荔戎所發明，《史記》卷二九《河渠書》載：

莊熊羆言：“臨晋民願穿洛以溉重泉以東萬餘頃故鹵（rāγ）地。誠得水，可令畝十石。”於是爲發卒萬餘人穿渠，自徵引洛水至商顔

① 參看《舊約》之《詩篇》（*Tehillîm*）72：1（所羅門詩）：“阿羅訶音（'ălōhîm，上帝）！祈將判斷之權柄賜予王，將公義（ṣĕdāqâ）賜王之子。”另參看下文 § 5.3 引《創世記》猶大以他瑪爲“義”（ṣādəqāh）事。

② 蒲立本謂“若鞮”爲龜兹語（Tocharian B）ñäkte“神”（按：即龜兹語 pūdñäkte“佛天”之“天”），執定匈奴人無“孝”之觀念，故棄班史之語義紀録而不予置信，E. G. Pulleyblank, “Chinese and Indo-Europeans”, *Journal of the Royal Asiatic Society of Great Britain and Ireland* 1/2（1966）：19。鄙意班固與匈奴人有第一手接觸，後人欲誣其誤胡語之“天（神）”爲漢語之“孝”，恐未能然也。

③ 元貴靡之“貴靡”似爲 kumār[a]。據《漢書·西域傳下》，烏孫國昆莫名獵驕靡，其弟大禄有子名翁歸靡。翁歸靡之“歸靡”似亦爲 kumār[a]，獵驕靡之“驕靡”似爲 kaumār[a]。識此備考。

④ 地下灌渠，西亞地區稱爲 kārīz（波斯語）或 qanāt（阿拉伯語）。

> 山下。岸善崩，乃鑿井，深者四十餘丈。往往爲井，井下相通行水。水積以絶商顔，東至山嶺十餘里間。井渠之生自此始。穿渠得龍骨，故名曰龍首渠。

臨晋之地本爲大荔戎國之王城。大荔是秦、晋間八種“西戎”之一，秦霸西戎後，其地更名臨晋。《史記·大宛列傳》云：“聞宛城中新得秦人，知穿井，而其内食尚多。”西域大宛所得“秦人”當即秦地大荔戎後裔也。所穿之井，匈奴語稱爲“卑鞮侯”（*pï^{ʔ}tïγaq），其詞根借自阿卡得語表示“穿透”之動詞 patāḫu（形容詞 patḫu、puttuḫu）①。希伯來語作 paḥat，阿拉米語作 pḥt/pḥt'，其義轉爲“坑坎”。

前引《漢書·烏孫國傳》“卑鞮侯井”，漢末、曹魏時人孟康注云：“大井六通渠也，下泉流湧出，在白龍堆東土山下。”《漢書》卷二八下《地理志下》“敦煌郡”下云：“正西關外有白龍堆沙，有蒲昌海。”白龍堆與蒲昌海同在敦煌正西，辛武賢使者穿井通渠之處當亦在敦煌西。晚清敦煌發現唐代無名氏《沙州圖經》殘卷，爲法國伯希和取去，《圖經》獨謂穿井在敦煌北：

> 大井澤，東西三十里，南北二十里。
>
> 右在州北十五里。《漢書·西域傳》漢遣破羌將軍辛武賢討昆

① Martha T. Roth et al., *The Assyrian Dictionary*, Vol. 12, Illinois: The Oriental Institute of the University of Chicago, 2005, pp. 276, 547. 匈牙利學者他卡茨推斷其閃含語詞根爲*b-ḍ-k^{w}，原始閃含語詞根爲*p-t-Q/q ~ *b-ṭ-K/Q，詳 Gábor Takács, “Lexica Afroasiatica III”, Gábor Takács ed., *Egyptian and Semito-Hamitic (Afro-Asiatic) Studies: in memoriam Werner Vycichl*, Leiden/Boston: Brill, 2004, pp. 512 – 13, under No. 306. 又斯坦因（Stein Márk Aurél, Marc Aurel Stein）在新疆尼雅（Niya）遺址發掘之佉樓書乾（健）陀羅語（Gāndhārī）木簡（約 3—4 世紀），編號 204、347、397、701 中有 potge 一詞，120 號木簡中復見地名 ṣitga-potge，potge 似爲精絶國有士兵守衛（397、701 號木簡）之重要水源設施，Thomas Burrow, “Iranian Words in the Kharoṣṭhī Documents from Chinese Turkestan II”, *Bulletin of the School of Oriental Studies* 7 (1936), p. 785: “*Potge* seems to mean reservoir”. T. Burrow, *The Language of the Kharoṣṭhī Documents from Chinese Turkestan*, Cambridge: The University Press, 1937, p. 107: “The meaning ‘tank, reservoir’ seems most suitable”.

彌，至敦煌，遣使者按行，悉穿大井，因號其澤曰大井澤。①

1909年，羅振玉自端方手中借得《沙州圖經》影照，亟爲考訂，據此唐人殘志判孟康之説爲誤，定辛武賢穿井在敦煌北，不在敦煌西②。王國維則推測："是漢時井渠或自敦煌城北直抵龍堆矣。"③按西漢時，行旅從敦煌玉門關入西域，取樓蘭故道，須逾白龍堆④。公元2年以後，方闢車師（今吐魯番）⑤新道，始免於穿行龍沙⑥。因此，辛武賢

---

① 吴豐培整理《絲綢之路資料彙抄增補》，北京：全國圖書館文獻縮微複製中心，1993年，第81頁。

② 見羅氏跋文及其《〈沙州圖經〉殘卷校録札記》，《絲綢之路資料彙抄增補》，第90—91頁。Cf. Paul Pelliot, "Le «Cha tcheou tou fou t'ou king» et la colonie sogdienne de la région du Lob Nor", *Journal asiatique*, ser. 11, t. 7 (1916): 114: "La mention des puits crousés par Sin Wou-hien amène à chercher le Po-long touei des Han au Nord de Touen-houang et non à l'Ouest comme on le faisait généralement".

③ 王國維《西域井渠考》，《王觀堂先生全集》，臺北：文華出版公司，1968年，第二册《觀堂集林·史林五》，第603頁。

④ 《漢書·西域傳上》："樓蘭國最在東垂，近漢，當白龍堆，乏水草，常主發導，負水儋糧，送迎漢使。"

⑤ 《史記·大宛列傳》作姑師，《漢書》之《匈奴》《西域》諸傳作車師。王符《潛夫論》卷九《志氏姓》記鹽池東北有苦（枯）城，燉煌人呼之車城，"其在漢陽者不喜'枯''苦'之字，則更書之曰'古城'氏"。又《老子》七六章"其死也枯槁"之"枯"字，馬王堆漢墓出土帛書作"棹"。知漢代"車""姑（古）"亦音近互通。車（姑）師是西域種田産糧之戰略要地。公元前74年，解憂公主自烏孫上書求救於漢昭帝，言"匈奴發騎田車師，車師與匈奴爲一，共侵烏孫"（《漢書》卷七〇《常惠傳》、卷九六下《烏孫國傳》）。漢欲絶匈奴患，須争車師，置田卒於彼，故《漢書·西域傳·車師後國傳》記"單于大臣皆曰：'車師地肥美，近匈奴，使漢得之，多田積穀，必害人國，不可不争也。'"按"車師"之得名，或與亞利安語表示播植、犁地之動詞 karš-（阿韋私陀語 karša"犁溝"，梵語 karṣa"犁地"、karṣi"開畦"）有關。亨寧擬"車師"爲 *küši，視爲 kuči（名詞"龜兹"）之一種方言形式，舉龜兹語抄本所見之 k_uśiññe（形容詞"龜兹的"）以佐其説，見 W B. Henning, "The First Indo-Europeans in History", G. L. Ulmen ed., *Society and History: Essays in Honor of Karl August Wittfogel*, The Hague: Mouton, 1978, p. 226。其説牽强。

⑥ 《漢書·西域傳下》："元始中，車師後王國有新道，出五船北，通玉門關，往來差近，戊己校尉徐普欲開以省道里半，避白龍堆之阸。"

穿渠,至少須抵達白龍堆東界附近,庶幾符合預備穿渡龍堆以深入西域之實際需要。《沙州圖經》謂井渠故址在唐代燉煌北隅,且以“井澤”稱之,蓋凡地下源泉湧出,在凹地滙爲水澤之處,皆可稱“井”,如浮苴(沮)井、休屯井①皆此類,固不必苦究在燉煌城北或城西也。

胡語井、澤不異,最顯著之證據即匈奴稱湖泊爲“比鞮”(*pïtïq)。單于庭西南方匈河南間、戈壁灘最大湖——今外蒙古bögen čaγan naγur(бөөн цагаан нуур)——爲私渠海,亦稱私渠比鞮海②。其實“海”即“比鞮”之意譯,“比鞮海”爲冗稱(pleonasm)。源自燕然山之河水瀦于凹盆,形成湖澤,以其面積較大,故漢人於此不譯“比鞮”爲“井”,而譯爲“海”(湖泊)。“比鞮”即“卑鞮”之異譯耳。

匈奴語“比鞮”“卑鞮侯”之遺迹,見於突厥諸語表示沼澤、漥淖之名詞與形容詞,如哈喀斯(Khaqas)方言之 patïγ ~ patuγ③,達蘭支(Taranči)、帖列兀(Teleut)等方言之 patγaq/patqaq④,以及楚瓦

① 《史記·匈奴列傳》:“烏維單于立三年(前 111 年),漢已滅南越,遣故太僕賀將萬五千騎出九原二千餘里,至浮苴井(《索隱》:苴音子餘反。臣瓚云:“去九原二千里,見《漢輿地圖》。”)而還,不見匈奴一人。”《漢書·匈奴傳下》云:“單于出塞,到休屯井,北度車田盧水,道里回遠。”

② 《後漢書·竇憲傳》:“與北單于戰於稽落山,大破之,虜衆崩潰,單于遁走,追擊諸部,遂臨私渠比鞮海。”又云:“會北單于爲南匈奴所破,被創遁走,固至私渠海而還。”《後漢書·天文志中》:“漢遣車騎將軍竇憲、執金吾耿秉,與度遼將軍鄧鴻出朔方,並進兵臨私渠北鞮海,斬虜首萬餘級,獲生口牛馬羊百萬頭。”按“北鞮”之“北”殆爲“比”之形訛。

③ В. В. Радлов(W. Radloff), *Опыт словаря тюркскихъ наречий*(*Versuch eines Wörterbuches der Türk-Dialecte*), Том IV, Часть 2, С.-Петербургъ: Императорской академии наукъ, 1911, 1176: патіk ~ патук “болото, болотистый, der Sumpf, sumpfig”. Н. А. Баскаков, А. И. Инкижекова-Грекул, *Хакасско-русский словарь*, Москва: Министерство культуры СССР, 1953, с. 147: патығ “топкий, вязкий”.

④ Радлов, IV.2, 1177: паткак “болото, болотистый, sumpfig”. 參看吉爾吉斯語 batγaq/batqaq(баткак)與土庫曼語 batγa(батка), Радлов, IV.2, 1515: баткак “вязкий, топкий, sumpfig; болото, der Sumpf”。

什方言 putχaχ①。

不但漠北之“比鞮”，即西至伊吾盧（今哈密）之蒲類海，其湖名“蒲類”亦爲古閃語* barūd 之遺迹，比較希伯來語 bārōd“有斑點的”②。中古波斯語稱有斑點爲 pars，借入突厥語作 bars（虎豹）。隋

---

① H. Paasonen, *Tschuwaschisches Wörterverzeichnis* (Studia Uralo-Altaica IV), Szeged: Universitas Szegediensis de Attila József Nominata, 1974, 110: pụtχaχ "süppedėkes hely (mocsárban); stelle (im morast), wo man einsinkt." Cf. Николай И. Ашмарин, *Словарь Чувашского языка/Чăваш сăмахĕсен кĕнеки* (Thesaurus Linguae Tschuvaschorum), Чебоксары: Чувашское государственное издательство, 1936, том X, 47: путкас "топкий, вязкий".

② “類”字對音，參看支謙譯《菩薩生地經》：“一時，佛游於迦維羅衛國釋氏精廬，尼拘類樹下坐，與五百比丘衆俱。”按“尼拘類”（榕樹）爲月氏方音，應接近焉耆、龜兹語 nyagrot。“蒲”字對音，參看《史記・大宛列傳》云：“其俗土著，耕田，田稻麥，有蒲陶酒，多善馬，馬汗血，其先天子馬也。”《史記索隱》引《外國傳》云：“外國稱天下有三衆：中國人衆，大秦寶衆，月氏馬衆。”《史記集解》引《漢書音義》曰：“大宛國有高山，其上有馬，不可得，因取五色母馬置其下，與交，生駒汗血，因號曰天馬子。”《大宛列傳》又云：“宛左右以蒲陶爲酒，富人藏酒至萬餘石，久者數十歲不敗。俗嗜酒，馬嗜苜蓿。”“外國使來，則離宮别觀旁盡種蒲萄、苜蓿極望。”《史記・樂書》云：“伐大宛得千里馬，馬名蒲梢。”《史記集解》引應劭曰：“大宛舊有天馬種，蹋石汗血，汗從前肩膊出如血，號一日千里。”《三國志・魏書・明帝紀》裴松之注引《三輔决疑録》注文“（孟）他以蒲桃酒一斛遺（張）讓，即拜凉州刺史”。按駿馬得名“蒲梢”，以其汗水赭色似蒲陶酒故。阿卡得語 karānu 指葡萄酒，亦指葡萄、葡萄藤，形容色澤如酒爲 karānānû。古伊朗語葡萄酒爲 bāta-，大宛“蒲陶（萄、桃）”“蒲梢”之“蒲”即伊朗語 bā- 之對音。勞費爾曾假定大宛語（Ferganian）葡萄爲* budāwa/* buδawa, B. Laufer, *Sino-Iranica*, Chicago: Field Museum of Natural History, 1919, p. 225，擬“蒲”爲* bu。勞説非是。“蒲”在東漢時尚可對譯 vā-/βā-，如《後漢書》卷四二《光武十王列傳》楚王英奉縑帛自贖罪愆，明帝詔答：“其還贖，以助伊蒲塞、桑門之饌。”按“伊蒲塞”本爲“傴蒲塞”。《三國志・魏書》裴松之注引魚豢《魏略・西戎傳》“臨兒國”文字，涉“臨”字而誤作“臨蒲塞”；《魏書・釋老志》涉“［漢］哀帝元壽元年，博士弟子秦景憲（裴注引《魏略》作博士弟子景盧）受大月氏王使伊存口授浮屠經”而誤作“伊蒲塞”。抄《後漢書》者據《釋老志》校改，以未考胡音，遂致誤耳。“傴蒲塞”當即月氏語* uvāsak，參看焉耆語 wāsak，于闐塞語 uvāysai/ūvāysā、康居粟特語 uβāsē。此例足證勞氏擬音之非。

唐時突厥人稱蒲類海爲婆悉厥(bars köl),即婆悉海,突厥語 köl 即湖泊。此突厥語名稱歷元(八兒思闊)、明(把思闊)、清(巴里坤),沿用不替。

《漢書》記辛武賢轉穀積居廬倉,按居廬(盧)倉一云居盧訾倉,"倉"固漢語,"居盧訾"爲匈奴語對音。唯漢文"居"字適亦有賬積、賬蓄、積貯之義項。《史記》卷三〇《平準書》云:"富商大賈或蹛財役貧,轉轂百數,廢居居邑,封君皆低首仰給。"卷一二九《貨殖列傳》記子贛(子貢,端木賜)"廢著鬻財於曹、魯之間",《集解》引徐廣曰:"《子贛傳》云'廢居'。'著'猶'居'也。'著'讀音如'貯'。"《漢書》卷九一《貨殖傳》作"發貯鬻財曹、魯之間"。是可見"居"有賬貯義也。"居盧"漢代古音 * k^{i}ak-lak,接近阿卡得語[貯穀、秸、棗等之]倉庫 kalakku(蘇美爾語 ka.lá)一詞①。"居盧"顯爲古閃語借詞,附加匈奴語後綴"訾"(參看突厥語轉名詞爲形容詞之後綴 * -čïγ ~ * sïγ)而爲"居盧訾"耳。

§ 5.3 大西北古閃族之謎

綜觀前論,不得不推測有一身份隱秘、操閃語之古族托迹于"西戎"群體之中。彼族與匈奴之關係似較密切。

匈奴有報嫂之俗,古閃族亦有之,如希伯來《創世記》(*Bərêšît*) 38 記載:猶大(Yəhūdāh,希音"猗乎大",華言贊美)長子珥('Êr)娶他瑪(Tāmār),無子而死,次子俄南('Ōnān)繼娶他瑪,亦無子而死。法當以他瑪嫁幼子示拉(Šêlāh)爲妻('iššāh),然猶大恐他瑪克夫,乃命他瑪歸父所孀居。他瑪欲延續亡夫之種,致冪面俾猶大誤與同宿,從而有身,産孿生子法勒斯(Pāreṣ)與謝拉(Zāraḥ)。猶大乃自承"伊比我更有義(ṣādəqāh),因爲我没有將伊給我的兒子示拉"云。此上古西亞牧民婚俗最生動之寫照也。

---

① A. Leo Oppenheim et al., *The Assyrian Dictionary*, Illinois: The Oriental Institute of the University of Chicago, 1971, Vol. 8, pp. 63 – 4.

匈奴喪俗，行剺面表哀之法，爲突厥、迴紇所繼承。據《後漢書》卷四九，耿秉卒於漢和帝永元三年（公元91年）夏，“匈奴聞秉卒，舉國號哭，或至剺面流血”。剺膚剺面固西亞古俗。據希伯來《舊約》之《申命記》（*Dəvārîm*）14：1，“爲死人用刀劃身”乃拜偶像者之風俗，爲上帝兒女所不當行，然《耶利米書》（*Yirməyāh*）16：6豫言兵禍灾癘，喪葬禮廢，有“人必不爲他們哀哭，不用刀劃身（yitgōdad）”之語，可知剺膚舊俗之普遍也。

西戎果雜有古老閃族，其族之究竟歸宿，是部分融合於華夏、部分融合於匈奴？抑或全部融合於匈奴族中？何因緣故，彼族獨辭故土，流移萬里之外，牢落湮淪，致東西方歷史並遺忘之？是皆前人所未遑措意，而爲古史中有待解答之重要問題也。

卷下　薈釋篇

大塊

清初劉繼莊《廣陽雜記》卷三云:"憶予年十四時始見《南華》,便有放翻宇宙之眼界。所苦者,字句之間,時有窒礙,遂搜諸家注釋讀之。"顧吾輩未解文字之縛者,容爲注疏所留難,不免時增迷悶耳。夫《莊子》文字之難,尚有西來音譯借詞一端,比例雖小,而關係匪淺,如外篇《馬蹏》"月題"一詞,實與月氏有關(詳本書卷上《古族篇》"月氏、烏孫"一節)。兹更舉"大塊"一語爲例。

内篇《齊物論》南郭子綦語顔成子游[①]曰:"夫大塊噫氣,其名爲風。是唯無作,作則萬竅怒呺。"所謂"大塊",向秀釋爲"無物也"(見郭象注)[②],司馬彪釋爲"大朴之貌"(見唐陸德明《經典釋文・莊子音義》引)或"天也"(見唐慧琳《一切經音義》卷九十六《音〈弘明集〉第五卷》引)。又,《大宗師》篇兩見此語:"夫大塊載我以形,勞我以生,佚我以老,息我以死。故善吾生者,乃所以善吾死也。"此處"大塊",司馬彪釋爲"自然也"(郭璞《江賦》:"焕大塊之流形。"李善《文選注》引)。

無論"無物"或"大朴",或"天"或"自然",何以必曰"大塊"? 歷代注家皆無曉鬯、瑩澈之解説。尤可注意者,陸德明《釋文》云:"衆家或作'大槐',班固同。"可知東漢班固注《莊》時所見古逸本作"大槐"。

《徐無鬼》篇黄帝與方明、昌寓、張若、謵朋、昆閽、滑稽"將見大

① 南郭子綦,内篇《大宗師》作南伯子葵,《人間世》及雜篇《徐無鬼》作南伯子綦。顔成子游,《徐無鬼》篇作顔成子。《寓言》篇作東郭子綦與顔成子游。

② 向郭注所謂"無物",出《老子》第十四章。

隗乎具茨之山”,“至於襄城之野,七聖皆迷,無所問塗”,偶遇一牧馬小童,“非徒知具茨之山,又知大隗之所存”,“又且復游於六合之外”。《山海經・中山經》有騩山、大騩之山。南宋羅泌《路史》卷三《循蜚紀》云:“大騩氏見于南密,或曰泰塊。昔者黄帝訪泰塊于具茨,一曰大騩,蓋設於無垓坫之宇而臺簡以游泰清者。後有隗氏、大隗氏、鬼騩氏。”然則大“槐”、大“隗”、大“騩”皆即大“塊”之異寫。

今按“塊”實爲* kūṭ 之對音,天竺古哲以 kūṭa 指周徧、不變之體①,此陸氏《釋文》所以有“或曰大隗,神名也;一云大道也”之説。

南密謂河南滎陽密縣。“具茨”爲* kūṭṭ-之對音,比較梵語 kūṭa,華言高積、頂峰,或梵語 kuṭṭāra,華言山也。“茨”通“垐”,謂積土增高,《淮南子・泰族訓》言“茨其所决而高之”。《釋文》引司馬彪注謂具茨山(司馬本作疚山)“在滎陽密縣東,今名泰隗山。”梵語 kūṭa 有“山”義,“隗”“塊”“騩”僉爲對音異字也。

《莊子》内篇《應帝王》叙列子從壺子游,“自以爲未始學而歸,三年不出,爲其妻爨,食豕如食人,於事無與親,彫琢復朴,塊然獨以其形立,紛而封哉②,一以是終”。按梵文 kūṭastha(“立於‘瞿多’”)即堅住不動義,巴利文作 kūṭaṭṭha,東晋西域沙門竺曇無蘭譯《佛説寂志果經》載外道波休迦旃有“於住立而得住處”之語,即其意譯。《齊物論》中子綦由“吾喪我”而能平等齊物,猶列子之“塊然獨以其形立”,亦類夫《薄伽梵歌》(*Bhagavad-gītā*)6: 8 中寂住不動、降伏五蓋(kūṭa-stho vijitendriyaḥ)而能等觀黄金、砂礫之瑜伽士

① Monier Monier-Williams, *A Sanskrit-English Dictionary* (*Etymologically & philologically arranged with special reference to Greek, Latin, Gothic, German, Anglo-Saxon, and other cognate Indo-european languages*), Oxford: Clarendon Press, 1872, p.244: “uniform substance (as the ethereal element &c.)”.

② “哉”爲“戎”之訛,“戎”固與“終”爲韻。《釋文》引崔譔本作“紛而封戎”,《列子・黄帝》正作“份然而封戎”。“豕”,《湯問》作“豨”。

(yogī)矣①。

《列子·湯問》言麼蟲焦螟極細,栖宿於蚊睫而蚊弗覺,“唯黄帝與容成子居空峒之上,同齋三月,心死形廢,徐以神視,塊然見之,若嵩山之阿;徐以氣聽,砰然聞之若雷霆之聲”。按容成子,外篇《在宥》作廣成子。《在宥》言廣成子在於空同之山,黄帝往見之。《湯問》文意,蓋謂黄帝往空峒(空同)山,從容(廣)成子心齋三月,定中發通。“塊然見之”“徐以氣聽”謂得眼通與耳通也。是列子之言“塊然”,亦爲 kūṭastha 無疑矣。

《春秋穀梁傳》僖公五年:“塊然受諸侯之尊己而立乎其位,是不子也。”按“塊然”者,定也、不動也,形容受之泰然,東晉徐邈注云:“塊然,安然也。”於義未乖。《淮南子·原道訓》云:“所謂一者,無匹合於天下者也,卓然獨立,塊然獨處。”以“獨立”、“獨處”形容“一”之“無匹合於天下”,以“卓然”形容“一”之崛然特出,以“塊然”形容“一”之寂定不動。《漢書》卷六七《楊王孫傳》之“其尸塊然獨處”,此處“塊然”言固定不動也。同書卷七〇《陳湯傳》耿育上書有“使湯塊然被冤拘囚,不能自明”之語,謂陳湯被錮不能動,而師古注乃云:“塊然,獨處之意,如土塊也。”已失其確詁。然後世訓詁家往往以“獨”釋“塊”,蓋止于上下文中推尋同義之詞,肊而不中。間有頗知因聲求義者,終不悟其源出梵語也。

唐張守節《史記正義》注《趙世家》“[趙襄子]娶空同氏”云:

> 《括地志》云“崆峒山在肅州福禄縣東南六十里”,古西戎地。又“原州平高縣西百里亦有崆峒山,即黄帝問廣成子道處”,俱是西戎地。未知孰是。

其注《五帝本紀》“[黄帝]西至于空桐,登雞頭”亦云:

---

① 關於天竺古梵典與佛之關係,當參看唐不空大師譯《大乘密嚴經》卷一《密嚴道場品第一》:“佛常密嚴住,像現從其國,住真而正受,隨緣衆像生。……如是諸世間,身中盡苞納,復置於掌内,散擲如芥子。……異類諸外道,隨宜悉調伏,種種衆智法,王論四吠陀,悉是諸如來,定力而持説。”

《括地志》云:“空桐山在肅州福禄縣東南六十里,《抱朴子·内篇》云黄帝‘西見中黄子,受九品之方,過空桐,從廣成子受自然之經’,即此山。”《括地志》又云:“笄頭山一名崆峒山,在原州平高縣西百里,《禹貢》涇水所出。《輿地志》云‘或即雞頭山也’,酈元云‘蓋大隴山異名也’。《莊子》云廣成子學道崆峒山,黄帝問道於廣成子,蓋在此。”案:二處崆峒皆云黄帝登之,未詳孰是。

按:崆峒山名與原州之雞頭山有關。疑“空同(崆峒)”本爲月氏語譯音,今所知龜兹語 kraṅko“雞”一詞當與之同源。是以顧野王《輿地志》謂崆峒山即雞頭山也。古之大夏,地處古月氏與空同氏之間,約當甘肅祁連山脉至六盤山脉一帶。《逸周書·王會解》“正北”以空同冠於大夏、莎車、姑他、月氏諸國之首。天竺梵志所説奥義冥諦,或先已傳至古大夏、月氏、空同,開啓先秦華竺思想最初之交會矣!

苻蘺

《漢書》卷六五《東方朔傳》言漢孝文帝“以韋帶劍,莞蒲爲席”,唐顔師古注云:

> 莞,夫離也,今謂之葱蒲。以莞及蒲爲席,亦尚質也。

《爾雅·釋草》云:“莞,苻蘺,其上蒚。”《説文》:“䓆,夫蘺也。蒚,夫蘺上也。”《詩·小雅·鴻鴈之什·斯干》:“下莞上簟,乃安斯寢。”唐孔穎達《正義》云:

> 《釋草》云:“莞,苻蘺。”某氏曰:“《本草》云:‘白蒲一名苻蘺,楚謂之莞蒲。’”郭璞曰:“今西方人呼蒲爲莞蒲,今江東謂之苻蘺,西方亦名蒲,用爲席。”

按:莞爲蒲屬,用以編席,俗謂之席草。其稱“苻蘺”“夫蘺”者,乃閃語對音,如阿拉米語蒲席爲 būrē(bwry)、būryā(bwryˀ),源出阿卡得語 burû①。波斯語借入該詞,būrū/būrī 指號角,būrī/būriyā 指蒲葦或蒲席②。中期突厥語、中期蒙古語借用蒲葦一義,花剌子模(X^wārazm,貨利習彌)辭書中拼寫作 buriyai③。明清書面蒙古文作 büriy-e,唯偏指喇叭(法螺)④矣。

東周戰代,楚國有邊塞名符離。公元前 303 年,齊合秦伐楚,楚使人説秦穰侯魏冉,云"齊有東國之地,方千里;楚苞九夷,又方千里,南有符離之塞,北有甘魚之口",楚若亡,齊將"利有千里者二",則秦不復能抗衡齊矣,事載《戰國策·秦策三》。疑楚國所併戎夷中有操閃語者,楚塞"符離"當即"苻蘺"之異寫,本非楚語。其事久爲治"楚學"者所忽,特爲拈出。

《史記》卷四八《陳涉世家》有符離人葛嬰,韋昭云:"符離屬[徐州]沛郡。"(《史記索隱》引)《魏書》卷一〇六中《地形志中》睢南郡斛城縣有扶離城,"扶離"即"符離"之異寫,在今安徽省宿州市北。

漢代匈奴亦有地名符離。《史記》卷一一一《衛將軍、驃騎列傳》漢武帝元朔二年(前 127 年),衛青"出雲中以西至高闕,遂略河南

---

① A. Leo Oppenheim et al., *The Assyrian Dictionary*, Illinois: The Oriental Institute of the University of Chicago/Glückstadt: J. J. Augustin Verlagsbuchhandlung, 1965, V. 2, pp. 339 - 340: "reed mat." S. A. Kaufman, "The Akkadian Influences on Aramaic", *Assyriological Studies* 19 (1974): 45.

② S. Haïm, *New Persian-English Dictionary*, Tehran: Beroukhim, 1934, V. 1, p. 142: "trumpet, a horn", "marsh-reed", "rush-mat" etc.

③ Н. Н. Поппе, *Монгольский словарь мукадимат ал-адаб*, Москва: Издательство Академии Наук СССР, 1938, с. 126: "камыш".

④ 19 世紀波蘭學者科瓦列夫斯基(Józef/Joseph Kowalewski)《蒙俄法詞典》(*Dictionnaire Mongol-Russe-Français/Монгольско-русско-французскій словарь*, Kasan: Imprimerie de l'université, 1846, T. II, p. 87: "морская раковина, conque, coquille", "вообще труда рогъ, en général trompette, trompe, cor")附滿文 bouren(海螺,畫角)、波斯文 burghū(角笛)、būrū(號角)、藏文 dung(喇叭)、gling bu(吹筦)等爲釋義,惜未引 büriy-e 所從出之波斯文 būriyā。近歲於聖彼得堡大學發現之科氏手補批識若干條(Kiriil Alekseev, "A New Source for J. Kowalewski's Work on the *Mongolian-Russian-French Dictionary*", *Rocznik Orientalistyczny* 67.1 [2014]: 13 - 25),猶然闕此。

地，至于隴西”，武帝乃以河南地爲朔方郡（取《小雅·鹿鳴之什·出車》“城彼朔方”詩意①）。太史公録武帝褒衛青詔中言青“討蒲泥，破符離”，崔浩注“符離”爲“漠北塞名”（《史記索隱》引）。《漢書》卷六《武帝紀》記元朔二年此事云“出雲中，至高闕，遂西至符離”，顯以符離爲地名，故顔師古注亦謂是“幕北塞名也”。其地當在今内蒙古鄂爾多斯高原西北。此匈奴之符離，當與楚塞之符離同出先秦戎語。

晋灼注“符離”爲“王號”（《史記集解》引），蓋緣《史記》卷二〇《建元以來侯者年表》元狩四年（前125年）有匈奴符離王敞屠洛降漢，封爲湘成侯。然符離王或是以地名爲號也。

據《漢書》卷九六下《西域傳下》，烏孫小昆彌烏就屠有子拊離、日貳兄弟。烏就屠死，拊離代立，爲日貳所殺。漢立拊離子安日爲小昆彌。日貳流亡，阻于康居，安日使人刺殺之。烏孫語人名之“拊離”，或亦與“符離”同源。

唐令狐德棻等修《周書》卷五〇《異域傳下》言突厥“旗纛之上施金狼頭，侍衛之士謂之附離，夏言亦狼也。蓋本狼生，志不忘舊”云。魏徵等修《隋書》卷八四《北狄傳》記北周時，突厥木杆可汗弟佗鉢可汗，以爾伏可汗統東面，步離可汗統西面。按“附離”“步離”爲古突厥語 böri（“狼”），近世突厥語族各方言或作 böri，或作 börü，或作 pörü②。“附離”固周隋突厥語，異乎前所論閃語“苻（夫）蘺”、“符（扶）離”矣。

---

① 《尚書·堯典》云：“宅朔方曰幽都，平在朔易。”《正義》引舍人曰：“朔，盡也。北方萬物盡，故言朔也。”貝利則主張“朔方”（于闐文轉寫作 śāhvāṃ）二字本爲塞語（North Iranian Saka）* saka-pruvāna-（the city or the fort of the Saka people），義爲塞人之城堡云（H. W. Bailey, *Khotanese Texts* VII, Cambridge: Cambridge University Press, 1985, p. 117）。

② В. В. Радлов（W. Radloff），*Опыт словаря тюркскихъ наречий*（*Versuch eines Wörterbuches der Türk-Dialecte*），Т. IV，Ч. 2，С.-Петербургъ: Императорской академии наукъ, 1911, 1302, 1397, 1688, 1699.

塢

《吕氏春秋·不苟論·當賞》云：

> 秦小主夫人用奄變，群賢不説自匿，百姓郁怨非上。公子連亡在魏，聞之，欲入。因群臣與民，從鄭所之塞，右主然守塞，弗入，曰：“臣有義，不兩主。公子勉去矣。”公子連去，入翟，從焉氏塞，菌改入之。……至雍，圍夫人，夫人自殺。公子連立，是爲獻公。

按秦邊塞戎翟（狄）諸部有烏氏，此焉氏當即烏氏，“焉”“烏”形譌，似無疑難①。《史記》卷九五《樊、酈、滕、灌列傳》酈商“别將定北地、上郡，破雍將軍焉氏、周類軍栒邑、蘇駔軍於泥陽”，《漢書》卷四一《樊、酈、滕、灌、傅、靳、周列傳》作“别定北地郡，破章邯别將於烏氏、栒邑、泥陽”，《史記》之“焉氏”即《漢書》之“烏氏”。然竊疑“烏氏”*ʔa^{k}k 與“焉氏”*ʔark 乃對音之或粗或精②，非必有誤。

《史記》卷一一〇《匈奴列傳》：“岐、梁山、涇、漆之北有義渠、大荔、烏氏。”《正義》引《括地志》云：“烏氏故城在涇州安定縣東三十里。周之故地，後入戎，秦惠王取之，置烏氏縣也。”公元前 7 世紀，周襄王後母惠后、子帶（惠后子）、襄王戎妻狄后“爲内應，開戎狄，戎狄以故得入，破逐周襄王”，李泰《括地志》所云“後入戎”即在周襄王衰世。至秦惠文王（前 4 世紀）時，秦併烏氏。

嬴政時（前 3 世紀），烏氏有“鄙人牧長”名倮，因畜牧致富，《史記》卷一二九《貨殖列傳》云：

> 烏氏（《集解》引韋昭《漢書音義》曰：“烏氏，縣名，屬安定。”《正義》：“古城在涇州安定縣東四十里。”）倮（《索隱》：“《漢書》作

① 例如 7 世紀慧立編《大唐大慈恩寺三藏法師傳》卷一“阿耆尼國”下注云“舊曰烏耆”，辯機編《大唐西域記》卷一注云“舊曰焉耆”。

② 例如《漢書·西域傳上》天篤（即天竺）北有“烏秅國”，西晋學者晋灼集注引鄭氏曰“烏秅音鷃拏”。按“鷃（鴳）”古音通“焉”。此國名似可比較參宿之梵語名稱 ārdrā 與俗語名稱 addā。

‘羸’。”)牧,及衆,叱責,求奇繒物,閒獻遺戎王。戎王什倍其償,與之畜,畜至用谷量馬牛。秦始皇帝令倮比封君,以時與列臣朝請。

按“倮”*lwā[k]反映印歐語系某種古語,比較龜兹語賓格單數式luwā、焉耆語屬格單數式lwes及主格複數式lwā,華言畜獸。故“烏(焉)氏”當亦反映印歐古語,比較赫梯語hark與拉丁語arx[①],華言堡固。烏氏爲印歐語部族之在涇州安定(在今寧夏固原)者,其所謂“戎王”當爲部落酋長耳。

公元2世紀初葉成書之《説文解字》,於“隖”字條下云:“小障也,一曰庳城。”按“隖”一作“塢”(*ʔak),新莽後始見記載。《後漢書》卷一二《盧芳傳》云:

盧芳字君期,安定三水人也,居左谷中。王莽時,天下咸思漢德,芳由是詐自稱武帝曾孫劉文伯,……常以是言誑惑安定閒。王莽末,乃與三水屬國羌胡起兵。

卷二〇《王霸傳》建武十三年云:

是時,盧芳與匈奴、烏桓連兵,寇盜尤數,緣邊愁苦。詔霸將弛刑徒六千餘人,與杜茂治飛狐道(章懷太子注:“飛狐道在今蔚州飛狐縣,北通嬀州懷戎縣,即古之飛狐口也。”),堆石布土,築起亭障,自代至平城三百餘里。

“堆石布土,築起亭障”,袁宏《後漢紀》卷六《光武帝紀》建武十年作“築塢候,起亭鄣”。上谷太守王霸“堆石布土”與“築塢候”既同指一事,可知塢即由土石構築之碉堡。

《後漢書》卷二四《馬援傳》云:“自王莽末,西羌寇邊,遂入居塞内,金城屬縣多爲虜有。”公元35年(建武十一年)夏,隴西太守馬援擊破先

---

① Jaan Puhvel, *Hittite Etymological Dictionary*, Berlin/New York: Mouton de Gruyter, 1991, Vol. 3, p. 156. 參看新波斯語arg, Jean Jacques Pierre Desmaisons, *Dictionnaire Persan-Français*, Rome: Typographie Polyglotte, 1908, T. I, p. 57:“château, fort, citadelle; nom d'un fort dans le Sîstân”.

零羌於臨洮，並令流寓武威之金城客民返居，於破羌以西“繕城郭，起塢候，開導水田，勸以耕牧，郡中樂業；又遣羌豪楊封譬説塞外羌，皆來和親”。

東漢初，西羌與小月氏胡相攻，《後漢書》卷一六《鄧訓傳》云：

> 先是，小月氏胡分居塞内，勝兵者二三千騎，皆勇健富彊，每與羌戰，常以少制多。雖首施兩端，漢亦時收其用。時（章和二年，公元 88 年）［燒當種羌］迷吾子迷唐别與武威種羌合兵萬騎，來至塞下，未敢攻訓，先欲脅月氏胡。訓擁衛稽故，令不得戰。議者咸以羌、胡相攻，縣官之利，以夷伐夷，不宜禁護。訓曰：“不然。今張紆失信，衆羌大動，經常屯兵，不下二萬，轉運之費，空竭府帑，凉州吏人，命縣絲髮。原諸胡所以難得意者，皆恩信不厚耳。今因其迫急，以德懷之，庶能有用。”遂令開城及所居園門，悉驅群胡妻子内之，嚴兵守衛。羌掠無所得，又不敢逼諸胡，因即解去。由是，湟中諸胡（章懷太子注：“湟中，月氏胡所居，今鄯州湟水縣也。”）皆言“漢家常欲鬬我曹，今鄧使君待我以恩信，開門内我妻子，乃得父母”，咸歡喜叩頭曰：“唯使君所命。”訓遂撫養其中少年勇者數百人，以爲義從。

鄧訓旋“發湟中秦胡、羌兵四千人，出塞掩擊迷唐於寫谷”，羌衆破散。89 年（永元元年）春，訓又“發湟中六千人，令長史任尚將之，縫革爲船，置於箄上以度河，掩擊迷唐廬落大豪，多所斬獲。復追逐奔北，會尚等夜爲羌所攻，於是義從羌胡并力破之”，餘種皆綏服，“遂罷屯兵，各令歸郡。唯置弛刑徒二千餘人，分以屯田，爲貧人耕種，修理城郭、塢壁而已”。范曄《鄧訓傳》之“義從羌胡”即“湟中羌胡”（參看《後漢書》卷八七《西羌傳》永元八年，史充“發湟中羌胡出塞擊迷唐”），亦即前所云“湟中秦胡、羌兵”，自以小月氏人爲主，然亦不無匈奴雜胡在其中也。《鄧訓傳》言訓卒時，“羌胡愛惜，……莫不吼號，或以刀自割，又刺殺其犬馬牛羊，曰：‘鄧使君已死，我曹亦俱死耳！’”此自割之禮亦爲匈奴法①。

---

① 參看本書卷上《古族篇》§ 5.3 節《大西北古閃族之謎》、《歷史語文學論叢初編》之《“吐蕃”源出“禿（偷）髮”問題析要》第二節《羌胡與河西鮮卑》。

小月氏胡雖有羌人混血，而仍與羌别，頗疑“塢（隖）”即其印歐母語碉堡一詞之遺音，而秦之烏氏當與月氏爲同系之胡族也。

范曄《後漢書》卷七二《董卓傳》記董卓（？—192）“結壘於長安城東以自居，又築塢於郿，高厚七丈，號曰‘萬歲塢’，積穀爲三十年儲”。陳壽《三國志》卷六《董卓傳》：“築郿塢，高與長安城埒，積穀爲三十年儲。”清嘉慶間潘眉譔《三國志考證》卷二云：

按長安城高三丈五尺（見《三輔黄圖》），章懷太子注郿塢“舊基高一丈，周迴一里一百步”，依章懷説，塢僅高一丈，不能與長安城埒。蓋章懷所見者，唐時故基，非卓時之丈尺也。當時實高三丈五尺，與長安城正相等。范更云：“高厚七丈，號萬歲塢。”其塢高三丈五尺，厚亦三丈五尺，故曰“高厚七丈”也。

準潘説，則司馬温公《資治通鑑》卷六〇作“高厚皆七丈”爲不確矣。董卓，臨洮人，其將校部曲本多凉州豪桀，且“將湟中義從及秦胡兵”（《後漢書·董卓傳》）。《後漢書·五行志一》（范書無《志》，此係司馬彪《續漢書》）亦云：“董卓多擁胡兵，填塞街衢，虜掠宫掖，發掘園陵。”①董卓名

① 董卓子壻牛輔，帳下有支胡。陳壽《董卓傳》記牛輔“獨與素所厚友胡赤兒等五六人，相隨踰城北渡河。赤兒等利其金寶，斬首送長安”，“友胡”應即范曄《董卓傳》章懷太子注引《獻帝紀》所言“支胡”。《晋書》卷五《孝懷帝紀》西晋永嘉三年秋七月（公元 309 年 8 月）：“平陽人劉芒蕩自稱漢後，誑誘羌戎，僭帝號於馬蘭山。支胡五斗叟、郝索聚衆數千爲亂，屯新豐，與芒蕩合黨。”按“支胡”之“支”即賜支，郝索應係烏桓人，五斗叟似爲叟夷，是亦胡狄混合氐羌雜類也。賜支河即析支河，支胡者，如盧水胡以盧水得名之比。范曄《西羌傳》記羌“九種在賜支河首以西，及在蜀、漢徼北，前史不載口數，唯參狼在武都，勝兵數千人”，《南蠻、西南夷列傳》記邛都蘇祈有“叟二百餘人”。然習鑿齒《漢晋春秋》引張儼《默記》録諸葛亮《後出師表》言“賨、叟、青羌散騎、武騎一千餘人，此皆數十年内所糾合四方之精鋭，非一州之所有”（《三國志·蜀書·諸葛亮傳》裴松之注引），灼見叟夷非囿于巴蜀一隅，“叟”名亦非“蜀”也。范曄《董卓傳》載董卓義子“吕布軍有叟兵内反”，此叟兵諒亦“羌胡”之雜類，章懷太子注乃云“叟兵即蜀兵，漢代謂蜀爲叟”，未諦。疑叟夷之“叟”爲渠廋/搜（《史記》卷一《五帝本紀》之“析枝渠廋氐羌”，《夏本紀》之“析支渠搜”）之遺稱，《舊唐書》卷九一《張柬之傳》柬之上武則天奏疏中引蜀漢史事云：“諸葛亮五月渡瀘，收其金銀鹽布以益軍儲，使張伯岐選其勁卒搜兵以增武備。”其“搜兵”即叟兵也。

所築壁壘爲"塢",殆沿用羌胡俗稱耳。

伏羲、女媧之演變

伏/虙羲(戲)一作包/庖/炮羲(犧),傳《易》者謂爲畫卦之人。女媧,據《世本·帝繫》,則夏禹所娶塗山氏女。然漢代以伏羲、女媧爲蛇身人首,漢磚圖像作蛇尾相交狀,與印度古代人身蛇尾相交雕像實甚相似,婆羅門教、佛教、耆那教乃至南方達邏鼻荼(Drāviḍa)文化之造型藝術均有之。此必漢代吸收印度文化元素,以"女媧"比附梵語 nāga(蛇、龍),以"伏戲"比附 bhoga(蛇),遂將華夏皇古人物改造爲交尾之人形蛇種耳。

王充《論衡》卷一一《談天篇》云:"淮南王劉安召術士伍被、左吴之輩,充滿宫殿,作道術之書,論天下之事,地形之篇,道異類之物、外國之怪、三十五國之異。"伏羲、女媧至漢代而變爲虵族,當是樂道"異類之物、外國之怪"之西漢方術士爲之也。

孔塋檀木

《史記》卷四七《孔子世家》:"孔子葬魯城北泗上。"劉宋裴駰《史記集解》引《皇覽》云:"……本無祠堂,冢塋中樹以百數,皆異種,魯人世世無能名其樹者。民傳言:孔子弟子異國人,各持其方樹來種之。其樹柞、枌、雒離、安貴、五味、毚檀之樹。孔子塋中不生荆棘及刺人草。"《後漢書·郡國志二》"魯國闕里",唐李賢等注曰:"塋中異木以百數,魯人莫能識也。"並引《皇覽》云:"孔子本無祠堂,塋中不生荆棘及刺人草。"

按:"毚檀",西漢司馬相如《子虛賦》作"欃檀"(見《史記》卷一一七《司馬相如傳》)。"毚(欃)檀"乃印度俗語(prākṛta)caṁdaṇa之對音。此印度樹名之傳入中國,必不晚於西漢。《皇覽》言孔子弟子持此樹種,植諸孔塋,魯人不識此異木。釋典之"栴檀"譯自西域方音,皆本諸印度雅語(saṃskṛta)之 candana。《皇覽》乃曹丕使劉劭、王象等掇集舊籍而成,中華知有香檀木,實在東漢之前。

驒騱

《史記·匈奴列傳》記匈奴“奇畜”有“橐駞、驢、驘、駃騠、騊駼、驒騱”。《説文》“驒”字條云:“驒騱,野馬也。從馬單聲。一曰青驪白鱗,文如鼉魚。”按“驒騱”(*δaqï)即準噶爾馬(蒙古野馬,*Equus przewalskii*)之祖先。蒙古文 taki①(借入滿洲文爲 tahi)即匈奴“驒騱”之遺。

颮騎

公元前 203 年,楚、漢軍相持於廣武山,《史記》卷七《項羽本紀》云:

> 項王謂漢王曰:“天下匈匈數歲者,徒以吾兩人耳,願與漢王挑戰決雌雄,毋徒苦天下之民父子爲也。”漢王笑謝曰:“吾寧鬬智,不能鬬力。”項王令壯士出挑戰。漢有善騎射者樓煩,楚挑戰三合,樓煩輒射殺之。項王大怒,乃自被甲持戟挑戰。樓煩欲射之,項王瞋目叱之,樓煩目不敢視,手不敢發,遂走還入壁,不敢復出。漢王使人間問之,乃項王也。漢王大驚。

按“漢有善騎射者樓煩”,裴駰《史記集解》引應劭曰:“樓煩,胡也,今樓煩縣。”漢之雁門郡樓煩縣,戰國時有胡部名樓煩。《漢書》卷三一《陳勝、項籍傳》作“漢有善騎射曰樓煩”。又,《史記》卷九五《樊、酈、滕、灌列傳》述灌嬰擊楚戰功,“於燕西,所將卒斬樓煩將五人,連尹一人”,《史記集解》引李奇謂樓煩縣人善騎射,“故以名射士爲‘樓煩’,取其美稱,未必樓煩人也。”灌嬰傳屢言斬楚軍之樓煩將,可知項籍(項羽)軍亦有樓煩將,不獨漢軍有之。

“煩(蘋)”通“蕃”“繁(蘩)”。“樓煩”,古伊朗語*ravant 之對

---

① Cf. G. J. Ramśtedt, *Kalmückisches Wörterbuch* (Lexica Societatis Fenno-Ugricae III), Helsinki: Suomalais-Ugrilainen Seura, 1935, pp. 375 (*takᵒ* “wildpferd [der hengst]”), 386–7 (*täkᵊ* “wildes pferd”).

音,有縱馬疾馳義①,詞根 rava-(阿韋私陀波斯語 rao-、ravō-)爲迅疾義。樓煩將,殆取其騎射迅捷,矢去如駛、百發百中之義歟。此上古米堤(Mede,Māda)人、索迦(Saka)人之馬上長技也。

《史記》卷九九《劉敬、叔孫通列傳》劉敬從匈奴來,言"匈奴河南白羊王、樓煩王去長安近者七百里,輕騎一日一夜可以至秦中",《史記索隱》引張晏云:"河南者,案在朔方之河南,舊並匈奴地也,今亦謂之新秦中。"白羊、樓煩,本皆胡國,服屬於匈奴者,單于封以王爵,故有"白羊王""樓煩王"之稱。樓煩者,即以其輕騎迅捷,可速達目的地而得名也。

公元前 209 年,匈奴冒頓殺頭曼,自立爲單于。《史記·匈奴列傳》云:

> 冒頓既立,是時東胡彊盛,聞冒頓殺父自立,乃使使謂冒頓,欲得頭曼時有千里馬。冒頓問群臣,群臣皆曰:"千里馬,匈奴寶馬也,勿與。"冒頓曰:"柰何與人鄰國而愛一馬乎?"遂與之千里馬。居頃之,東胡以爲冒頓畏之,乃使使謂冒頓,欲得單于一閼氏。冒頓復問左右,左右皆怒曰:"東胡無道,乃求閼氏!請擊之。"冒頓曰:"柰何與人鄰國愛一女子乎?"遂取所愛閼氏予東胡。東胡王愈益驕,西侵。與匈奴閒,中有棄地,莫居,千餘里,各居其邊爲甌脱。東胡使使謂冒頓曰:"匈奴所與我界甌脱外棄地,匈奴非能至也,吾欲有之。"冒頓問群臣,群臣或曰:"此棄地,予之亦可,勿予亦可。"於是冒頓大怒曰:"地者,國之本也,柰何予之!"諸言予之者,皆斬之。冒頓上馬,令國中有後者斬,遂東襲擊東胡。東胡初輕冒頓,不爲備。及冒頓以兵至,擊,大破滅東胡王,而虜其民人及畜産。既歸,西擊走月氏,南并樓煩、白羊河南王,悉復收秦所使蒙恬所奪匈奴地者,與漢關故河南塞,至朝那、膚施,遂侵燕、代。是

---

① Manfred Mayrhofer, *Iranisches Personennamenbuch*, Wien: Österreichische Akademie der Wissenschaften, 1979, I/73: rauuant "Rosse flink laufen lassend".

時漢兵與項羽相距,中國罷於兵革,以故冒頓得自彊,控弦之士三十餘萬。

按冒頓以騎兵突襲東胡而滅之,事類《史記》卷六三《老子、韓非列傳》引韓非《説難》所論鄭武公伐胡事:

昔者鄭武公欲伐胡,故先以其女妻胡君以娱其意。因問於群臣:"吾欲用兵,誰可伐者?"大夫關其思對曰:"胡可伐。"武公怒而戮之,曰:"胡,兄弟之國也,子言伐之,何也?"胡君聞之,以鄭爲親己,遂不備鄭。鄭人襲胡,取之。

"冒"字注音,司馬貞《史記索隱》除"莫報反"或"亡報反"之外,尤有"音墨"(卷九三《韓信、盧綰列傳》)、"音默"(卷一四《十二諸侯年表》)、"亡北反"(卷四〇《楚世家》)等音注。從後者,"冒"音 * mak①。突厥語族如達蘭支(Taranči)語與察合台文有 maŋdur 一詞,爲"使馳進、趕赴"等義②。詞幹 maŋ-在回鶻語、察合台文中有"即刻動身""迅速趕赴"等義③,在帖列兀(Teleut)、獵別(Lebed)、朔爾(Shor)諸方言中亦爲迅速(策馬)馳赴之義④。此詞甚有可能源出匈奴語 * maγδur/ * maγδul⑤。

---

① 參看漢語"墨"借入粟特語爲 makā(mk'), Badr al-Zaman Gharib (Badrozzamān Qarīb), *Sogdian Dictionary: Sogdian-Persian-English* (*Farhang-i soghdī: Soghdī-fārsī-englīsī*), Tehran: Farhangan Publications, 1995, p. 212, no. 5320。

② В. В. Радлов (W. Radloff), *Опыт словаря тюркскихъ наречий* (*Versuch eines Wörterbuches der Türk-Dialecte*), Том IV, Часть 2, С.-Петербургъ: Императорской академии наукъ, 1911, 2011: мандур "заставить бежать, привести в движение, подгонять; laufen lassen, in Bewegung setzen, vertreiben".

③ Радлов, 2006:"ходить, двигаться съ места, бежать; sich fortbewegen, gehen laufen".

④ Радлов, 2006:"бегъ, скорый бегъ, галопъ; der Lauf, der schnelle Lauf oder Ritt, der Galopp".

⑤ 常見之音變如 maŋ ~ maγ 之異,漢語亦有之。如"莽"本有"莫古反"(maγ)一音,《離騷》"洲之宿莽"、《懷沙》"草木莽莽"、《列子·周穆王》之叠韻國名"古莽"等,皆是也。《新唐書·拂菻傳》云:"鶻莽,波斯(轉下頁)

東漢初,匈奴有闒頓王,公元30年降於馮異(《後漢書》卷一七《馮、岑、賈列傳》"降匈奴于林闒頓王",章懷太子注謂《山陽公載記》"頓"作"碓")。此"闒"通"闘",音蹋。

漢獻帝建安時,遼西烏丸(烏桓)有蹋(蹹)頓單于,《三國志·魏書·烏丸、鮮卑、東夷傳》載:"蹋頓又驍武,邊長老皆比之冒頓。"烏丸"蹋頓"之號,蓋比匈奴"冒頓"之例。公元207年,曹操破烏丸於白狼山時,蹋頓陣亡。烏丸名號頗沿襲匈奴,如遼東烏丸有速僕丸(《三國志·魏書·武帝紀》),一作速附丸(《三國志·魏書·烏丸、鮮卑、東夷傳》)、蘇僕延(《後漢書·烏桓、鮮卑列傳》、《三國志·魏書·烏丸、鮮卑、東夷傳》)。烏丸"速僕/速附"本自匈奴王號"遬濮"。《漢書·衛青、霍去病傳》元狩二年(前121年)武帝詔中言及鷹擊司馬趙破奴從票(驃)騎將軍霍去病"斬遬濮王、捕稽且王",可知西漢時匈奴有王號"遬濮"。

"闒頓""蹋頓"即* dabtul(> dobtul)。12—13世紀花拉子模辭書録有蒙古語動詞 dobtulqu、突厥語動詞 dobtuldï,爲疾馳、飛馳義[①]。書面蒙古語名詞 dobtuluγči 有飛騎、猛擊者、突擊者(進行軍事突襲之騎士)等義。

觀此,則"冒頓""闒頓""蹋頓"諸名號,取義與"樓煩"相似。《史記·匈奴列傳》云:

是時漢初定中國,徙韓王信於代,都馬邑。匈奴大攻圍馬邑,韓王信降匈奴。匈奴得信,因引兵南逾句注,攻太原,至晋陽下。高帝自將兵往擊之。會冬大寒雨雪,卒之墮指者十二三,於是冒頓詳敗

(接上頁)棗也。"此"鶻莽"之"莽"亦爲 maγ(勞費爾所擬* xurmaṅ 不可從,Berthold Laufer, *Sino-Iranica: Chinese Contributions to the History of Civilization in Ancient Iran*, Chicago: Field Museum of Natural History, 1919, p. 385),比較中古波斯語[h]urmāk 與俾路支語 hurmāg。又漢語"蟒龍"借入蒙古語爲 mangluγ ~ mangnuγ ~ maγnuγ,亦可參看。

① Н. Н. Поппе, *Монгольский словарь мукадимат ал-адаб*, Москва: Издательство Академии Наук, 1938, с. 142:"мчаться","помчался".

走,誘漢兵。漢兵逐擊冒頓,冒頓匿其精兵,見其羸弱,於是漢悉兵,多步兵,三十二萬,北逐之。高帝先至平城,步兵未盡到,冒頓縱精兵四十萬騎圍高帝於白登,七日,漢兵中外不得相救餉。匈奴騎,其西方盡白馬,東方盡青駹馬,北方盡烏驪馬,南方盡騂馬。

蓋冒頓精兵輕騎迅捷無倫,即時發號,即時縱馬,飇忽即至,故能圍困劉邦於白登也。

甌脱

《史記·匈奴列傳》記匈奴國與東胡國疆界之外有“棄地”,“莫居,千餘里,各居其邊爲甌脱”。“甌脱”即匈奴語 *ˀutar,指遠離聚落之放牧或田獵處,突厥語族之哈薩克語 otar 與蒙古語族之瓦剌語 otar 一詞尚保留此義①。巴什科爾語稱農莊爲 utar②,亦從牧場一義演變而來。

老上

《史記》卷一二三《大宛列傳》云:

大月氏,……行國也,隨畜移徙,與匈奴同俗。控弦者可一二十萬,故時彊,輕匈奴。及冒頓立,攻破月氏。至匈奴老上單于,殺月氏王,以其頭爲飲器。始月氏居敦煌、祁連間,及爲匈奴所敗,乃遠去,過宛,西擊大夏而臣之,遂都嬀水北,爲王庭。

按老上單于即冒頓子稽粥,見《史記》卷一一〇《匈奴列傳》。據東晋徐廣所記,“一云‘稽粥第二單于’”(裴駰《史記集解》引),知冒頓破月氏後始戴“單于”號。冒頓父頭曼時,月氏爲西戎霸主,匈奴尚臣

① Martti Räsänen, *Versuch eines etymologischen Wörterbuch der Türksprachen*, Helsinki: Suomalais-Ugrilainen Seura, 1969, 367:“ein vom Aule entfernter Weideplatz”;“entlegener Jagdplatz od. ferner Weideplatz”.

② Räsänen, *Versuch eines etymologischen Wörterbuch der Türksprachen*, 367:“Vorwerk, Meierei, хутор”.

於月氏，未敢稱單于也。匈奴語“老上”有二可能，即 * nōg-žaŋ- 或 * moa-žaŋ-①。若爲前者，則或與月氏名號有關；若爲後者，則源於塞語之虎。匈奴久與塞種、月氏相角逐，間接由彼吸收伊朗語、印度亞利安語彙。“上”（ * žaŋ）似可比較尼雅（Niya）俗語 jaṃna② 或塞語 jhaṃda③，其義爲梵語 jana“人”、jāna“生”之比。

或疑月氏遊處敦煌故地④時，未必已接觸印度亞利安文化。請就敦煌地名證其已然。

敦煌古名，華夏稱之三危，不知與北方危宿危三星有關否？西戎謂之陸渾⑤，則對應印度亞利安語之北極星 dhruvana（本義爲恒固）。其名似由 * druhvana 之易位形式，經某一羌化媒介⑥，而華譯爲“陸渾”。

據《漢書》卷二八下《地理志下》，西漢武帝“後元年”，始析酒泉

---

① “老”字固可對 l-/n-，而上古別有 m- 聲（“姥”），與“母”近。貝利謂“老上”與唐代安禄山之“禄山”同出伊朗語根 rauχ-ś-“光曜”或 rauk-“爲王”，H. W. Bailey, *Khotanese Texts* VII, Cambridge: Cambridge University Press, 1985, p. 26，恐非是。

② Ralph L. Turner, *A Comparative Dictionary of Indo-Aryan Languages*, London: Oxford University Press, 1966, p. 281. 又，公元 446—452 年，北魏滅法，凉州沙門曇曜於法難後重振玄猷，《魏書》卷一一四《釋老志》謂“曇曜又與天竺沙門常那邪舍等譯出新經十四部”，所記“常那邪舍”反映 * Jāṃṇajaśa（印度俗語 Jāṇajasa，梵語 Jñānayaśas），此“常那”（ * jāṃṇa，華言智）爲别一名詞，異乎尼雅俗語之 jaṃna。然“常”字對音實近“上”，如北宋沈括《補筆談》卷一《辨證》云：“官名中尚書本秦官，‘尚’音‘上’。謂之尚書者，秦人音也，至今秦人謂‘尚’爲‘常’。”

③ 例如 1926—1927 年旁遮府境内塔克西拉（Taxila）出土佉樓文銅印有乾陁羅塞語人名 Arajhaṃda，見 Sten Konow, *Kharoshṭhī Inscriptions: with the Exception of Those of Aśoka* (Corpus Inscriptionum Indicarum Vol. II, Part 1), Calcutta: Government of India, Central Publication Branch, 1929, p. 101, Pl. XX, no. 9。參看梵語甄那羅（緊那羅）女 kiṃnari，于闐塞語作 kimdari。

④ 參看《漢書》卷九六下《西域傳下》“始張騫言烏孫本與大月氏共在敦煌間”之語。

⑤ 《春秋左氏傳》魯僖公二十二年（前 638 年）“秦晋遷陸渾之戎于伊川”，孔穎達《正義》云：“陸渾是敦煌之地名也。”

⑥ 數字六（陸），藏語稱 drug，可參看。

郡,分置敦煌郡。“敦(燉)煌”爲漢化新名:於義,照應星芒;於音,爲强調 vaṃ 之鼻韻尾,故漢文對音先以“敦”重複鼻韻①,原型實爲 * dhruvaṃ。公元前 3 世紀印度阿育王聖旨碑中,此詞爲“恒常”義,如沙拔兹堡(Shāhbāzgaṛhī)碑第三行之 dhruva[ṃ]與曼塞赫拉(Mānsehrā)碑第五行之 dhruvaṃ②,均反映印度西北俗語形式。

粟特文 II 號尺牘第 5 行、第 38 行之地名[δ]rw''n、δrw''n,亨寧讀作 thᵘrwān(θᵘrwān),即敦煌③。粟特文《聖觀自在菩薩一百八名經》題記亦有“於敦煌城”(δrw'nčknδyh)④之語。貝利以伊朗語 δruvāna- 釋 δrw''n,甚至視之爲 * druva-pāna- 之縮畧,取義固城保塞云⑤。

伊朗語表示彊固之詞(阿韋私陀波斯語 druua)與印度亞利安語表示恒固之詞(吠陀梵語 dhruva)同源。月氏人隨季節而移牧,指敦煌以爲期,如望北辰定向然。其地名實取印度亞利安語北極星之義。

或仍疑先秦時,月氏人未受印度亞利安文化之影響。請即以秦國神話證其已然。

《淮南子》卷六《覽冥訓》云:“譬若羿請不死之藥於西王母,恒娥竊以奔月,悵然有喪,無以續之。何則? 不知不死之藥所由生也。”東漢末高誘注謂“‘奔月’或作‘坌肉’”。《山海經·海内西經》有視肉,與珠樹、文玉樹、玗琪樹、不死樹並列。《大荒南經》中,視肉與甘華同列,甘華者“枝幹皆赤,黄葉”,知爲樹木之名。視肉似爲奇

① “敦”有譯 tuṃ 之例,如北凉曇無讖譯《大般涅槃經》卷十九《梵行品第八之五》有乾闥婆王名敦浮樓,即俗語 tuṃburu(梵語 tumburu),本果樹名。

② Eugen Hultzsch, *Inscriptions of Aśoka* (Corpus Inscriptionum Indicarum Vol. I), Oxford: Clarendon Press, 1925, pp. 50-1, 56-7, 71-2, 78.

③ W. B. Henning, “The Date of the Sogdian Ancient Letters”, *Bulletin of the School of Oriental Studies* 12/3-4 (1948): 604-5.

④ E. Benveniste, *Textes Sogdiens* (Mission Pelliot, III), Paris: Librairie Orientaliste Paul Geuthner, 1940, p. 113.

⑤ H. W. Bailey, *Khotanese Texts* VII, Cambridge: Cambridge University Press, 1985, pp. 100, 112 (n. 278).

樹之一種,坌肉或亦如之,有“不死”之用。《覽冥訓》之恒娥,湖北荆州郢北村王家台 15 號秦墓竹簡(1993 年出土)作“恒我”①。愚謂“恒娥(我)”之名,實爲秦産。西漢末楊子雲《輶軒使者絶代語釋别國方言》第一云:“娥、嬴,好也。秦曰娥,宋、魏之間謂之嬴。秦、晋之間,凡好而輕者,謂之娥。”是好女稱“娥”,本秦語也。然“恒娥(我)”雖係秦言,實屬譯名,源出印度梵語 Gaṅgā 或印度俗語 Gaṃgā,即恒水女神②也。天竺史詩《摩訶婆羅多》1: 92.2 謂“色、德具足之恒水神現妙姝形,姣若吉祥天女”③。故秦人以“娥”字當之,譯音之外附加意義耳。

恒河,鳥瞰呈彎月形,印度教徒目之爲天河(svarṇadī),《摩訶婆羅多》1: 92.48 – 55 謂恒水女神爲月系(candravaṃśa)王妻,别夫而去。皇甫謐《帝王世紀》卷三言羿爲帝嚳之裔,實未及恒娥。秦國與西戎相接,秦方士乃取西戎所傳印度故事以附益於《歸妹》卦辭④。秦併關東六國,恒娥奔月(月音肉)之説隨以東傳。後人改“恒娥”爲

① 王明欽《王家台秦墓竹簡概述》,艾蘭、邢文編《新出簡帛研究》(北京大學震旦古代文明研究中心學術叢書 8),北京: 文物出版社,2004 年,第 32 頁。

② 東晋佛陀跋陀羅譯《觀佛三昧海經》卷八《觀馬王藏品》中,釋迦牟尼於伽耶(Gayā)城初成道時,住熙連河側,“恒河神飛住空中”,勸請世尊調伏耆那教裸形外道五尼揵(*nigan-,比較巴利語 nigaṇṭha)師共徒衆千五百人。北涼曇無讖譯《大方等無想經》卷四《大雲初分電轉健度第十三》中“有一天女,名恒河神”。唐代玄奘譯《大般若波羅蜜多經》卷三三一《初分殑伽天品》釋迦牟尼授記殑伽天(即恒河神)“今此天女即是最後所受女身,捨此身已,便受男身,盡未來際,不復作女”,後當作佛,號“金花如來”。奘師改“恒伽”爲唐音“殑伽”(不空作“兢伽”)耳。舊譯佛經或單作“恒”(恒河、恒水)者,殆依西域方言,如龜兹語 Gaṅk、箇失密語 Gang 之類。

③ Vishnu S. Sukthankar et al. eds., *The Mahābhārata, Vol. 1: The Ādiparvan: being the First Book of the Mahābhārata the Great Epic of India*, Poona: Bhandarkar Oriental Research Institute, 1933, p. 413: tasya rūpaguṇopetā gaṅgā śrīr iva rūpiṇī.

④ 梁劉昭注西晋司馬彪《續漢書·天文志》(見今本《後漢書·天文志上》注)引東漢張衡《靈憲》云“恒娥遂託身于月,是爲蟾蠩”,其蟾蠩本當爲“詹諸”,音近印度俗語 caṃdaa(梵語 candraka“似月者”)。梵語稱月爲 candra,俗語作 caṃda,龜兹語人名中多作 caṃ[n]dre,並可參看。

“姮娥”①,遂忘其與恒水之關係矣。

秦人既知恒水天女事,而月氏人在秦、印之間,諒即傳播天女故事之中間人,安得謂其未受印度亞利安文化影響耶?予以是知,凡斷言姬周之世,東土絶未聞西來意者,皆孟浪之説,非矜慎之論也。

和上

漢文“上”“尚”互用,“和上”一作“和尚”。“和上”一詞初見於東漢末季竺朔佛、支婁迦讖在河南洛陽所出《佛説般舟三昧經》,一名《十方現在佛悉在前立定經》。

是經云釋迦佛在羅閱衹②竹園中爲颰陀和(華言賢護)菩薩説念佛三昧,卷中《四輩品第六》云:“常<當>承事於和上,當承事於善師。所從聞是三昧者,所得聞是三昧處,當視其人如佛。”《般舟》一經,係於公元179年11月24日(東漢靈帝光和二年十月八日),由印度人朔佛③誦出,月支(月氏)人婁迦讖(* Rōkakṣem,華言曜豐)傳譯,洛陽孟福(元士)、南陽張蓮(少安)筆受,208年9月5日(漢獻帝建安十三年八月八日)於許昌寺校定④。

“般舟”爲簡譯,具言 paccuppaṃ[ṇa]/pratyutpaṃ⑤。“颰陀和”

① 1788年莊逵吉校刊本《淮南子》校注謂“諸本皆作‘恒’,唯《意林》作‘姮’”。

② 此即摩竭提國都王舍城。王,梵語稱 rāja(摩竭提語 lāja);舍,梵語稱 gṛha。“羅閱衹”反映* Rāyagih[a],當由俗語譯出。

③ 沙門朔佛未諳漢言。“朔佛”若爲* Sah[a]budh,則華言偕覺也。

④ 時人稱竺朔佛爲“天竺菩薩”,支讖爲“月支菩薩”,見釋僧祐《出三藏記集》卷七《般舟三昧經記》《道行經後記》。

⑤ 梵語作 pratyutpanna,謂諸佛今現在前而住立,爲三昧(定)之名。東晋佛陀跋陀羅(即佛大跋陀禪師)譯《觀佛三昧海經》卷一〇《觀佛密行品第十二》中稱爲“諸佛現前三昧”。唐紫閣山草堂寺飛錫師曾撰《無上深妙禪門傳集法寶》與《念佛三昧寶王論》,其《寶王論》中云:“梵云‘般舟’,此云現前,謂思惟不已,佛現定中。”且闡明“念現在阿彌陀佛,以通三世,無不是佛”之義。北宋黄長孺(雲林子)於政和七年十一月三日(1117年1月28日)跋此論,更引舜“坐則見堯於牆,食則覩堯於羹”,與夫孔子“立,則見其參於前也;在輿,則見其倚於衡也,夫然後行”,以申念佛從心想生之義(黄伯思《東觀餘論》卷下《跋〈寶王論〉後》)。“念佛三昧”,竺法護譯(轉下頁)

即 Bhaddavā[la](跋陀婆羅),譯自俗音①。斯即王舍城賢護居士,佛經中常稱十六正士(或十六[大]賢士、十六開士、十六在家菩薩)之上首是也②。《般舟》經中金翅鳥、舞神、腹行神分别作"迦樓羅"(*karuḷa)、"甄多羅"(*kintara)、"摩睺勒"(*mahorag)③,異於梵語

(接上頁)《佛説幻士仁賢經》、竺佛念譯《菩薩瓔珞經》作"佛意三昧"。佛意同佛念。念佛、佛念不二。按:安住念佛三昧即安住諸三昧海,見阿彌即見諸佛,歸阿彌陀國即歸諸佛國。佛佛相念,光光相映,重重無盡,故前引《觀佛密行品》中釋迦佛云"吾今欲與十方諸佛報念佛三昧恩"也。

① 梵語作 Bhadrapāla(跋陀[羅]波羅)。佛典"和(惒)"字對音,可參看天名"提和~提婆"(dewa~deva),又伎樂神名"揵(乾)沓和"(*γan-dhaβ-wa)接近俗語 gaṃdhavva,異於梵語 gandharva。

② 靈鷲山(鷲巖/鷲峰,亦在羅閲衹)無量壽一會,"賢護等十六丈夫衆"以居家菩薩之身份,亦共大會,見菩提流志譯《無量壽如來會》(《大寶積經》卷十七)。賢護於威音王如來像法時,爲增上慢比丘,曾蒙常不輕比丘(釋迦佛前身)注以一乘法流;樂光佛時,爲法髻比丘,善宣正法,並布施持戒比丘;又遇迦葉佛懸指,當於釋迦佛所,得蒙授記。至釋尊垂迹印度,賢護乃於羅閲衹(王舍城)作優婆塞,雖處人間,恒享天福,猶如帝釋(詳見鳩摩羅什譯《妙法蓮華經》、地婆訶羅譯《大乘顯識經》)。般舟會、無量壽會中之賢護爲已得總持之等覺大士,亦是蒙阿彌陀不思議大願力加持,以是時阿彌成佛已十劫,於今現在,佛願悉已成就故。鳩摩羅什譯龍樹尊者《大智度論》卷七《初品中佛土願釋論第十三》釋"颰陀婆羅"爲"善守",蓋"颰陀"即賢善,"婆羅"即守護也。

③ 支讖所譯餘經如《阿閦佛國經》《佛説伅(*d[r]um)真陀羅所問如來三昧經》《佛説阿闍世王經》作"迦留羅"(*karuḷa)、"真陀羅"(*cindara/*cintara?)、"摩休勒"(*mahōrag/*mahūrag)。竺大力、康孟詳(一作孟祥,"孟"參看俗語 maṃgala,華言吉祥)譯《修行本起經》同之。甄那羅譯名,竺法護(支法護)譯《度世品經》卷六作"甄陀羅","陀"字間有譯 ta 音(如"頭陀"及初果"須陀洹")之例,故不易必其爲*kindara。又如"阿彌陀",華言無量,梵語 amita(俗語無量爲 amia,甘露爲 amiya,故阿彌亦釋爲甘露),烏萇(*Udyāṃ,梵語 Udyāṇa/Oḍḍiyāna)王子蓮華生上師(Guru Padmasaṃbhava)傳諸藏地之壽尊心咒中作 a-mi-dhe-wa,則"陀(陁)"譯 ta/dha 音爲有據。"阿彌陀佛"四字初見於月氏(月支)優婆塞支謙所譯《佛説老女人經》《佛説慧印三昧經》《佛説[諸佛]阿彌陁三耶三佛薩樓檀過度人道經》(此爲"大無量壽經")等經。康僧會譯《舊雜譬喻經》中《折羅漢譬喻抄七首》之六記少年以一甘果上供釋迦文(康居粟特語 Š'kymwn)佛,佛轉施十方諸佛,一果周遍無極,上果者"後當作佛,號果尊王無上正覺,所有國土,如阿彌陀刹"。聶道真譯《三曼陀跋陀羅(Sāmantabhadra) (轉下頁)

之 garuḍa①、kinnara/kiṃnara②、mahoraga。唐罽賓國人般若力譯《迦樓羅及諸天密言經》開首云:"'迦樓羅'者,天竺方言。"按唐人所云"罽賓"指迦畢試(Kapiśi)③,非謂箇失密(Kaśmīr)或迦濕彌羅(Kaśmīra)④,"迦樓羅"或即出自印度西北之迦畢試方言。齊梁僧祐律師《出三藏記集》卷三《新集安公失譯經録》著録"《迦留多王經》一卷",其"迦留多"顯爲 * karuṭa 對音。梵語金翅鳥女爲 garuḍi,焉耆語(Tocharian A)作 karuṭi⑤,可推知金翅鳥在焉耆語中即爲 * karuṭa⑥。舞神"甄多羅"譯名,可比較《魏書》卷

(接上頁)菩薩經》與竺法護譯《賢劫經》《佛説濟諸方等學經》《佛説寶網經》《佛説太子刷護經》《佛説阿惟越致遮經》《佛説方等般泥洹經》等經,及鳩摩羅什譯《佛説阿彌陀經》(此爲"小無量壽經")、《妙法蓮華經》、《維摩詰所説經》、《諸法無行經》、《十住毘婆沙論》(罽賓人佛陀耶舍所誦出)中亦作"阿彌陀"。"阿彌陀佛"譯音當本諸月支、罽賓師宿傳承,而粟特語 ''myt' pwt 當亦源出於彼。中天竺人求那跋陀羅(Guṇabhadra,華言功德賢)亦曾於南朝宋孝武帝孝建年間(454—457)譯"小無量壽經",唐代窺基撰《阿彌陀經通贊疏》時,其本尚存,基師謂有四紙,較其師玄奘新譯十紙爲短,惜吾人不得一見也。

① 唐代玄奘、義淨譯作"揭路荼",不空譯作"誐嚕拏",皆據天竺雅音。巴利語則爲 garuḷa。

② 印度亞利安語中人非人樂舞神甄那羅(kinnara)之名,實借自達邏鼻荼語"絃琴"一詞(耽密語 kiṉṉāram),而達邏鼻荼語該樂琴名,則得自亞述人(阿卡得語 kinnārum)。

③ 如圓照《貞元新定釋教目録》卷一七《般若三藏續翻經記》於"北天竺境迦畢試國人"下即注云:"言罽賓者,訛略。"

④ 如護法順釋世親《二十唯識論》而造之《成唯識寶生論》,唐中宗時義净大師譯漢,於卷一之末,列景龍四年(公元 710 年)襄助校譯者名單,中有"翻經沙門吐火羅大德達秣磨證梵義,翻經沙門中天竺大德拔努證梵義,翻經沙門罽賓國大德達摩難陀證梵文",又有"翻經婆羅門左領軍衛中郎將迦濕彌羅國王子臣阿順證譯"。是唐人以"罽賓國"與"迦濕彌羅國"判然爲二也。

⑤ Gerd Carling (in collaboration with Georges-Jean Pinault & Werner Winter), *Dictionary and Thesaurus of Tocharian A*, Wiesbaden: Harrassowitz Verlag, 2009, Vol. 1, p. 103.

⑥ 此一形式别見於達邏鼻荼語系語言,例如瑜伽"金翅鳥勢"(梵語 garuḍāsana)在耽密語中爲 karuṭācaṉam,見 S. Vaiyapuri Pillai ed., *Tamil Lexicon (Supplement)*, Chennai: University of Madras, 1939, p. 196。

一〇二《大月氏國傳》役屬乾陁羅以北五國之月支王名寄多羅 * Kaitara①。

持居士戒之優婆塞(女爲優婆夷)一稱,亦已見於本經。迨鳩摩羅什(* Kumārajīβ)②譯本流行,什譯中亦作"優婆塞"故,繼譯者多因之不改,以對應梵語之 upāsaka(至唐代玄奘,始據梵語易爲"鄔波索迦")。久而久之,世人遂忘"優婆塞"其初本爲 * uvāsak 對音之事

① 印度西北出土泉幣所刻梵書(Brāhmī)作 Kidara。于闐語舞神作 kaidara,女爲 kiṃdari,哈瑪塔謂"-ṃn- > -ṃd-"乃源自于闐塞語,János Harmatta,"The Kidarite Kings in Kalhaṇa's *Rājataraṅgiṇī*", in Wolfgang Morgenroth ed., *Sanskrit and World Culture*, Berlin: Akademie-Verlag Berlin, 1986, pp. 43–44。然僧伽羅語亦有 kiňdurā、kiňdurī 之形式(Wilhelm Geiger, *An Etymological Glossary of the Sinhalese Language*, Colombo: The Royal Asiatic Society Ceylon Branch, 1941, p. 43),自必源出某種北語,而于闐語該型或與乾陁羅方音(俗語? 塞語?)同源耳。參看梵語 lōka(華言世),于闐語、僧伽羅語有同作 lova 之現象。

② 《出三藏記集》卷一〇《大智論記》作究摩羅耆婆,《大智釋論序》作鳩摩羅耆婆,卷一一《成實論記》作拘摩羅耆婆,並係梵語 Kumārajīva,華言童命(童壽)。慧皎《高僧傳》卷六《釋慧遠傳》載什答遠公書自署"鳩摩羅耆婆和南",故同書卷二《鳩摩羅什傳》言"初,什一名鳩摩羅耆婆"云。423—424 年在建康譯戒律之罽賓律師佛大(大音馱)什(見《出三藏記集》卷三《新集律來漢地四部記録》、卷一五《道生法師傳》)一作佛馱什(見《出三藏記集》卷二《新集撰出經律論録》"彌沙塞律"條、《新集條解異出經録》"比丘戒本"條),其名爲 * Buddhajīβ,華言覺命。"什"字對音亦見於鮮卑語。北魏先祖猗盧之孫,《魏書》卷一《序紀》、《南齊書》卷五七《魏虜傳》、《新唐書》卷七二上《宰相世系表二上》及卷七五下《宰相世系表五下》作什翼犍(* ǰïβǰïγan),《宋書》卷九五《索虜傳》作什翼鞬(* ǰïβǰïqan)。此鮮卑語人名本爲禽名,象雀噪之聲(類似英語 chirk ~ chirp,即 18 世紀詞典學家約翰生[Samuel Johnson]博士誤釋爲 cheer up 之縮畧者),其詞幹保留於庫曼(Koman)語、喀山韃靼語麻雀 čïpčïk(切列米思[Čeremis]語作 čiβizik)及哈薩克語鶺鴒 šïbïšïq(Martti Räsänen, *Versuch eines etymologischen Wörterbuch der Türksprachen*, Helsinki: Suomalais-Ugrilainen Seura, 1969, S. 109),其後綴見於滿洲語燕雀 čibirgan(Иван И. Захаров, *Полный маньчжурско-русскій словарь* [*Manju Oros gisun-i yongkiyame isabuha bithe*], С.-Петербургъ: Типография Императорской Академий Наук, 1875, c. 936)一詞中。

實。“優婆”對音,與“漚和(*u[?]wa)”相近①。東漢明帝時,嘗由月支語譯爲“傴蒱塞”②, uvā > uā,故焉耆語借作 wāsak。

由是觀之,朔佛所憶誦之經本,實混糅月支、北印之方俗言音,可決言矣。

東晉法顯爲求戒律,遊歷印度,至東部摩竭提(Magadhe)③巴連弗(*Pāḷal[i]put)邑④,禮阿育王塔,塔南有一摩訶衍(大乘)僧伽藍名天王寺(天王精舍),藏有《摩訶僧祇律》(大衆律),係抄自拘薩羅(Kosala)舍衛大城祇洹精舍傳本⑤。法顯抄得一部,持歸揚州,自416年12月至418年4月(東晉安帝義熙十二年十一月至十四年二月末),於揚都鬪塲寺⑥,與禪師佛馱跋陀羅(一譯佛度跋陀羅,Buddhabhadra)⑦共譯爲漢文。今存漢譯《摩訶僧祇律》卷三五《明威儀法之二》記佛住舍衛城時,曾敕六群比丘云:

> 共和上語時,不得言“跋檀帝”,當言“優波上”。若共阿闍梨語

---

① “婆”可譯 bha/ba,亦可譯 va。梵語 vipaśyana(華言正觀)譯爲“毘鉢舍那”,而“毘婆舍那”之原型則爲* vivaśyana,當比較僧伽羅語 vivasun(Wilhelm Geiger, *An Etymological Glossary of the Sinhalese Language*, p. 166)。過去佛維衛(*Vivas/*Vivaś)一譯毘(鞞)婆尸(*Vivaśyi),“婆”亦爲 va。法顯譯《大般涅槃經》中之“兜婆”(即塔)爲俗語 thūva,闍那崛多(俗語* Jāṇagutta,相當於梵語 Jñānagupta)譯《佛華嚴入如來德智不思議境界經》之“娑偷波”則爲梵語 stūpa。竺佛念譯《中陰經》中之“迦毘羅婆兜”爲* Kavilavathu(支謙譯《佛説釋摩男本四子經》之“迦維羅衛兜”則爲* Kavilavatthu),“婆兜”爲* vathu。

② 今通行《後漢書》楚王英傳“傴”字作“伊”者,乃後人涉大月氏使者伊存之名而誤抄耳。當依徐星伯自《永樂大典》輯出之《宋會要》作“傴”。

③ 梵語作 Magadha(摩揭陀)。

④ 梵語作 Pāṭaliputra(巴吒釐子),亦稱華氏城(Puṣpapura)。

⑤ 見法顯《摩訶僧祇律私記》及其自記遊天竺事(藏中題作《高僧法顯傳》),又參看《出三藏記集》卷八《六卷泥洹經記》、卷十五《法顯法師傳》。

⑥ “鬪”爲“道”之異寫,該寺即《出三藏記集》卷九《華嚴經記》所云“揚州司空謝石所立道塲寺”也。

⑦ 《出三藏記集》卷十四《佛大跋陀傳》云:“佛大跋陀(Buddhabhadda),齊言佛賢,北天竺人也。”又云佛賢嘗與同學僧伽達多(Saṃghadatta)共遊罽賓,達多“於禪室見佛賢神變,乃敬心祈問,方知得不還果”。

時，不得言“跋檀帝”，當言“阿闍梨”。

按巴利語“跋檀帝”（bhadante）爲呼格，華言猶云：“大德！”[①]至於“和上”與“優波上”所指不二，準下文“阿闍梨”之例可知。“和上”“優波上”當各屬不同方言。如梵語稱親教師爲 upādhyāya，具戒爲 upasaṃpadā，而龜兹語（Tocharian B）分别作 upādhyāye 與 wasaṃ[n]pāt，當係分從印度不同方言借入，故或作 upa-，或作 wa-。足覘顯師所寫“梵本”，實亦方言混糅之本也。

印度俗語 uajjhāa-，詞首 ua- 衍自 uva-，如貝利所嘗引半摩竭提語（Ardhamāgadhī）uvajjhāya-、巴利語 uvajjha-（巴利語詞首亦有作“優波[upa-]”[②]者：upajjhāya）及印度西北之乾陁羅俗語 uvajha'a-[③]。

7 世紀慧苑《新譯大方廣佛花嚴經音義》（見慧琳《一切經音義》卷二二）注“和上”云：

> 案五天雅言和上謂之“塢波地耶”，然其彼土流俗謂和上“殟社”。于闐、疏勒乃云“鶻社”。今此方訛音謂之“和上”。雖諸方舛異，今依正釋言：“塢波”者，此云近也；“地耶”者，讀也。言此尊師，爲弟子親近習讀之者，舊云親教是也。

---

① 中天竺大咒師曇無（摩）讖於北凉姑臧所譯經中，如《大方等大集經》與《優婆塞戒經》，每以“師長和上有德之人”連稱。其時代與法顯接近。“曇無（摩）讖”華言法豐，其名亦非譯自梵語 Dharmakṣema，而似爲“不規範”之 *Tammakṣem / *Tarmakṣem（乃至 *Tarmmakṣem）。

② “優婆”爲 *uva，“優波”爲 *upa，“波”爲 *pa。《出三藏記集》卷一〇《雜阿毗曇心序》：“宋元嘉三年（426 年），徐州刺史太原王仲德請外國伊葉波羅於彭城出之。”（别見南梁慧皎《高僧傳》卷三《求那跋摩傳》）隋翻經學士費長房《歷代三寶紀》卷十於“《雜阿毘曇心》十卷”下注云：“文帝世，外國沙門伊葉波羅，宋言自在，於彭城爲北徐州刺史王仲德譯。”按“伊葉波羅”爲 *Iśpara（“波”譯 pa），佉樓文即有作 iśparaka 者（R. L. Turner, *A Comparative Dictionary of Indo-Aryan Languages*, London: Oxford University Press, 1966, p. 73），異於梵語 īśvara（華言自在）。此 va ~ pa 之異亦見於忉利天名 tapatrīś（龜兹語）~ ttāvatrīśa（于闐語），二者各借自不同之方言。

③ H. W. Bailey, “Irano-Indica II”, *Bulletin of the School of Oriental and African Studies* 13/1 (1949): 133.

慧琳《四分律音義》(《一切經音義》卷五九)注"和上"云:

> 《菩薩内戒經》作"和闍",皆于闐國等訛也。應言"郁波第耶夜",此云近誦,以弟子年小,不離於師,常逐常近,受經而誦也。又言"鄔波柁耶",此云親教,舊譯云知有罪、知無罪,名爲和上也。

玄應《顯揚聖教論音義》(《一切經音義》卷四七)注"鄔波柁耶"云:"舊云'和上',或云'和闍',皆于闐等諸國語訛也。"希麟《續一切經音義》卷三注"鄔波䭾耶"曰:"龜兹、于闐等國訛云'和闍',或云'鶻社'。今云'和上',本非梵語,亦非唐言,蓋葱右諸國訛轉音耳也。"10世紀贊寧《譯經篇》(《宋高僧傳》卷三)稱:"梵云'鄔波陀耶',疏勒云'鶻社',于闐云'和尚'。"

按"殟社"爲印度俗語 ujjhā/ujjha,此慧苑所獨記。"鶻社"爲 * ojjhā①,慧苑謂行於于闐、疏勒,贊寧謂行於疏勒。"和闍"爲 * uajhā / * wajhā,慧琳、玄應謂行於于闐等諸國,希麟謂行於龜兹、于闐等國。天竺雅音"地耶",唐人記于闐俗音爲"闍/社",的實不誤。何以知之?唐般剌蜜諦譯《大佛頂首楞嚴經》卷七《悉怛多般怛羅》(sitātapatra,華言白傘蓋)神咒第二會中"阿弊地也"abhedya 一詞,于闐寫本即作 abhijya②,其旁證也。

---

① 貝利擬"鶻社"爲俗語 * *u̯aźźā*, Bailey, "Irano-Indica III", *Bulletin of the School of Oriental and African Studies* 13/2 (1950): 404-5:"This * *γuəδ-źia* would indicate a Prakrit * *u̯aźźā* with doubled *źź*." 按唐宋人曾以"鶻"對古藏語 'o[l]或 'o[d]音,如《新唐書·吐蕃傳》之"鶻提" = 'o lde(古典藏籍一作 'od lde)。

② Bailey, *Khotanese Texts V*, Cambridge: Cambridge University Press, 1963, p. 370. 又,于闐咒本中"白傘蓋"名,異寫互見(satātapatraṃ、sitātapatraṃ、setātapatre、sittātapatre、sitātapatri),與《大佛頂首楞嚴經》卷七之或言"悉怛多鉢怛囉"(sitātapatra),或言"薩怛多般怛囉"(* satātapatra)、"薩怛多般怛囕"(* satātapatraṃ)者,正相脗合。昔吕秋逸先生《〈楞嚴〉百僞》引"悉怛""薩怛"之異爲《楞嚴》第六十九"僞",愚則謂此適證其真也。

無論如何,諸稱唯“和闍”[①]較近“和上/尚”,特闕“上/尚”之 -ŋ 語尾耳。伯希和謂“和闍(*vaǰhā)”與鼻韻化之“和尚(*vaǰhā̃)”,其古相等,權定二者爲疏勒語(Kāšγarian)形式[②]。

然大衆律固顯師直接寫自摩竭提,非中亞抄本,故“優波上”(*upajhaṃ)、“和上”(*uajhaṃ)之帶鼻化“隨音”(anusvāra),必在北印已然,非起於疏勒。且前引律文之“優波上”顯爲呼格,知其鼻韻尾非同巴利語單數名詞賓格也。

慧苑釋梵語 upādhyāya 爲“upa(近)+ adhyaya(讀)”,顧朔佛、支讖、佛賢諸師或捨 adhyaya 之釋,別取 adhi 之訓,而 adhi 者,華言上。然則“和上”“優波上”固葱外支竺方言,前半(“和/優波”)純譯音,後半(“上”)兼譯義,非葱右諸小邦俗音或此方漢音差忒,明矣。

《賢愚經》第六十九則《沙彌均提品》叙均提沙彌“觀見前身,作一餓狗,蒙我和上舍利弗恩,今得人身,并獲道果”。彼狗於過去迦葉佛時,作年少沙門,“音聲清雅,善巧讚唄,人所樂聽”。時一老比丘已得阿羅漢道,“音聲鈍濁,不能經唄,每自出聲,而自娱樂”。年

① 隋章安灌頂撰、唐湛然再治《大般涅槃經疏》卷二四云:“‘首楞嚴’翻爲堅固,和闍黎翻修治心。”此蓋引和闍黎其人對“首楞嚴”之別解,近人每誤爲“和闍黎”三字之釋義,殊未審諦! 和闍黎與“和闍”無涉,亦不得混“阿”“和”二音爲一談。漢語好簡,“阿闍黎”消作“闍黎”。《梁書》卷五六《侯景傳》:“有僧通道人者,意性若狂,飲酒噉肉,不異凡等,世間遊行已數十載,姓名鄉里,人莫能知,初言隱伏,久乃方驗,人並呼爲闍梨。”和闍黎亦此類也。隋吉藏《法華義疏》卷六引“光宅學士和闍梨”之説,知和闍梨其人曾住揚都光宅寺。唐釋道宣《續高僧傳》卷二五隋釋慧偘“少受學於和闍梨”,並附記和闍梨事迹云:“和靈通幽顯,世莫識其淺深。而翹敬尊像,事同真佛: 每見立像,不敢前坐,勸人造像,惟作坐者。道行,遇諸困厄,無不救濟。或見被縛之猪,和曰:‘解脱首楞嚴!’猪尋解縛,主因放之。自爾,偏以慈救爲業。大衆集處,輒爲説法,皆隨事讚引,即物成務,衆無不悟,而歸於道。末往鄴下,大弘正法,歸向之徒,至今流詠。臨終在鄴,人問其所獲,云:‘得善根成熟耳。’”

② Paul Pelliot, *Notes on Marco Polo* (Ouvrage posthume), Vol. I, Paris: Adrien-Maisonneuve, 1959, pp. 213 – 4.

少沙門"自恃好聲",輕訶老比丘曰:"今汝長老,聲如狗吠!"坐是,於"五百世中,常受狗身"。據僧祐《賢愚經記》(《出三藏記集》卷九),河西釋曇學(慧覺)、威德等八僧於于闐國大寺躬預般遮于瑟大會,"競習胡音","各書所聞",還至高昌郡,於宋文帝元嘉二十二年(公元 445 年)始集譯爲一部,後齎到凉州,河西慧朗改題曰《賢愚經》。經唄、讚唄之"唄"(*pal/*päl),即唱讚美詩,唐西明寺沙門道世(玄惲)《諸經要集》卷四《唄讚部第五》所謂"尋西方之有唄,猶東國之有讚"。《出三藏記集》卷十三《支謙傳》言謙"依《無量壽》、《中本起》經,製讚菩薩連句梵唄三契",《尸梨蜜傳》記周顗遇害,尸梨蜜[多羅](Śrīmit[ra])往省伯仁遺孤,"對坐,作胡唄三契,梵響凌雲"。"契"爲*kitt-/*kīrt- 之對音,歌讚、高歌之謂①,比較印度俗語 kittaṇa/kiṭṭaṇa、巴利語 kittana,又烏利亞語讚歌爲 kīrtana②。"唄"爲印度亞利安語所無,唯印歐語系之吐火羅語有之,義爲讚美③,亦見於達邏鼻荼語系之耽密語④,皆讚詠、歌頌之謂。近人或解爲誦讀方式,引梵語牽强釋之,未爲諦當。又,《賢愚經》第十一則《寶天因緣品》"勒那提婆(*Rakna-deva),晋言寶天",第二十則《貧女難陀品》"勒那識祇(*Rakna-śighe),晋言寶髻",第四十二則《善事太子入海品》"勒那跋彌(*Rakna-varme),晋言寶鎧",皆異乎梵語之 Ratna-deva、Ratna-śikhā、Ratna-varman,而古典馬來文亦保留

① 近人或謂"契"即"偈"(伽陀 gāthā,詩、歌)之異譯,非是。

② G. C. Praharaj, *Pūrṇṇacandra oḍiā bhāshākosha*, Cuttack: Utkal Sahitya Press, 1931 – 1940, V. 2, pp. 1605 – 6.

③ 鳩摩羅什譯《妙法蓮華經》卷一《方便品》佛説偈云:"或以歡喜心,歌唄頌佛德,乃至一小音,皆已成佛道。"什師譯文之"歌唄"即歌讚,當係龜兹方言之 päl-(焉耆方言 pälā-)。

④ Rev. Miron Winslow (assisted by competent native scholars, in part from manuscript materials of the late Rev. Joseph Knight), *A Comprehensive Tamil and English Dictionary of High and Low Tamil*, Madras: P. R. Hunt, 1862, p. 742: pallāṇṭu "A song or hymn of praise or adoration;" p. 944: pa<u>l</u>iccu "to praise, as an act of worship; to extol, eulogize".

rakna 之形式①,足證《賢愚經》譯語之有據也。

《賢愚經》所集内容既得自 5 世紀之于闐,則經中載均提呼舍利弗爲“和上”,自是于闐曾傳此音。然至 7 世紀,于闐止有“和闍”矣。

古來繙經大士洞燭機先,豫將貝多真實語寄藏於華夏文字之中。《出三藏記集》卷一三《竺法護傳》言晋武帝之世,“方等深經,蘊在西域”,法護隨師遊歷西域:

> 外國異言三十有六,書亦如之,護皆遍學,貫綜古訓,音義字體,無不備曉,遂大齎胡本,還歸中夏。自燉煌至長安,沿路傳譯,寫爲晋文。…… 終身譯寫,勞不告惓。經法所以廣流中華者,護之力也。②

今三十六種胡言澌滅盡矣,正法賴華譯流布寓内,亦萬幸矣。就世諦論之,西域古語或失源,或失傳,先唐舊譯已代保存之矣,特無人發其藴耳。後賢須不昧斯旨,而後於兩土古德之鴻澤,能知感敬,庶不盲從外説,枉自藐輕,易視我漢文藏經也。

車師後王加特奴

公元 107 年(東漢安帝永初元年),東漢棄西域,罷西域都護,西域絶無漢吏十餘年。北匈奴時以兵威,役屬車師,並力寇邊,河西大

① 例見卓鴻澤《歷史語文學論叢初編》第 220 頁引文。馬來文所録形式,自爲三佛齊之傳承。據徐松《宋會要輯稿・道釋二》,北天竺烏填曩(Udyānaṃ)國人施護,“十五依帝釋宫寺僧悲賢,學五天真草,及師子、于闐、三佛齊、闍婆文字。”10 世紀時必有三佛齊、闍婆文字之佛經,皆印度文字之變體,故施護亦學之。三佛齊(Samara-vijaya)即南海佛教王國室利佛逝/尸利佛誓(Śrī-vijaya)之别名,“佛誓/佛逝/佛齊”之“佛”讀若“佛時仔肩”(《詩・周頌・閔予小子之什・敬之》)之“佛”,音“弼”,故此處用爲 * bij-/ * vij- 之對音。

② 時人稱護公爲“燉煌菩薩”(《濟諸方等學經》軸題、又《如來大哀經》與《勇伏定經》出經記)、“月支菩薩”(《聖法印經》出經記)或“燉煌月支菩薩”(《正法華經》出經記),見《出三藏記集》卷七、八、九。同書卷九《〈漸備經〉十住梵名並書叙》云:“護公,菩薩人也。尋其餘音遺迹,使人仰之彌遠。夫諸方等無生諸三昧經,類多此公所出,真衆生之冥梯!”

被其害。119年(安帝元初六年),敦煌太守曹宗遣行長史索班屯田伊吾,以招撫西域諸國。於是,車師前部王、鄯善王復來降。120年(安帝永甯元年),北匈奴單于率車師後部王軍就,共攻没索班①,擊走車師前部王,遂略有北道諸國。至123年(安帝延光二年)夏,漢始復以班超少子軍司馬班勇爲西域長史,將兵屯田柳中。124年,勇發鄯善、龜兹、姑墨、温宿步騎萬餘人,詣車師前王庭,擊走匈奴伊蠡王於伊和谷,前部車師始復開通。125年秋,勇發敦煌、張掖、酒泉六千騎,及鄯善、疏勒、車師前部兵,大破車師後部,捕得後王軍就及匈奴持節使者,將至索班没處斬之。126年(順帝永建元年),勇率故後王農奇之子加特奴及八滑等,發精兵擊北匈奴呼衍王,破之,立加特奴爲後王。"其冬,勇發諸國兵擊匈奴呼衍王,呼衍王亡走,其衆二萬餘人皆降。捕得[北]單于從兄,勇使加特奴手斬之,以結車師、匈奴之隙",而呼衍王"遂徙居枯梧河上",從兹"車師無復虜(按:虜謂北匈奴)迹,城郭皆安"。(以上具詳《後漢書》卷四七《班勇傳》)

按"加特奴"即* Kāḍik Nāk 對音,相當於梵語"迦理迦那伽"(Kālika Nāga)。德國人從新疆舒爾楚克(Šorčuq)取去之焉耆語《難陀故事》(T III, Š 70.2)中有釋種子名 Kāḍike②。車師語* kāḍik 當與焉耆語 kāḍike 同源。

---

① 《後漢書》卷八八《西域傳》云:"北匈奴即復收屬諸國,共爲邊寇十餘歲,敦煌太守曹宗患其暴害,元初六年乃上遣行長史索班,將千餘人屯伊吾以招撫之,於是車師前王及鄯善王來降。數月(同書卷四七《班勇傳》作"後數月"),北匈奴復率車師後部王共攻没班等,遂擊走其前王。"又云:"至永甯元年,後王軍就及母沙麻反畔,殺後部司馬及敦煌行事。"唐章懷太子注:"司馬即屬戊己校尉所統也。和帝時置戊己校尉,鎮車師後部。行事謂前行長史索班。"北宋司馬君實初繫殺索班事於元初六年(《稽古録》卷一三:"北單于與車師後部王攻敦煌長史索班,殺之"),繼而改繫於永甯元年(《資治通鑑》卷五〇:"北匈奴率車師後王軍就共殺後部司馬及敦煌長史索班等"),其《通鑑考異》卷二云:"蓋班以去年末屯伊吾,今春見殺,或今春奏事方到也。"温公修史之精審不苟若此!

② Emil Sieg & Wilhelm Siegling, *Tocharische Sprachreste* (Königlich Preussische Turfanexpeditionen), Berlin: Walter de Gruyter & Co., 1921, S. 52: kāḍike śākkiṣi.

惡都奴

據《漢書》卷九四下《匈奴傳下》及卷九六下《西域傳下》，王莽秉政時，戊己校尉徐普欲開車師後王國新道，繫車師後王姑句（*kaku［k］-?），會姑句家"矛端生火"（按：即尖端放電現象），姑句妻股紫陬（*ka［k］ccu［k］-?）謂"矛端生火，此兵氣也，利以用兵"，而"車師前王爲都護司馬所殺，今久繫必死，不如降匈奴"，姑句乃將妻子出高昌壁，亡降匈奴。又去胡來王唐兜怨都護但欽，亦將妻子人民亡降匈奴。匈奴烏珠留若鞮單于受之，置於左谷蠡王地，繼而奉漢詔，不當受西域内屬，遂執姑句、唐兜，將付還漢。王莽遣中郎將王萌"待西域惡都奴界上"受之。服虔注惡都奴爲"西域之谷名也"。

按谷名"惡都奴"爲匈奴語 *ˀaγδanaq/*ˀaγtanaq 之對音，義指谷坡不陡（坡度緩）、人可翻身打滾而下也。拉德洛夫博蒐突厥諸部語彙，曾録西伯利亞喀察（Qacha）方言 актан 一詞，爲打滚之義①，即匈奴語該詞之孑遺也。

近世學者每謂秦漢人鄙視邊塞民族，譯名"匈奴"實寓有"凶惡奴隸"之貶義。斯誠所謂"以小人之心度君子之腹"者。曩閲東西洋著作，凡遇此等詆諆中華古人之論調，不免怏怏。然此亦不勞苦諍，今但拈出"惡都奴"譯例，若輩所造讕言即不攻自破矣。能爲古人一雪此誣，洵快事也！

"奴"用爲對音字，尚見於中山國水名（盧奴）、匈奴水名（狐奴）、匈奴王號（股奴）與單于名（蒲奴、醯諧屠奴侯），以及車師後部王子名（加特奴）等等，豈皆得望文生義哉！

蒙覆

《史記·高祖本紀》云："高祖即自疑，亡匿，隱於芒碭山澤巖石之

---

① Радлов, *Опыт словаря тюркскихъ наречий*, Т. I, Ч.1, 116："валяться, sich wälzen." Cf. *Ibidem*, 70：аунак "покатый, abschüssig, sich senkend".

閒。吕后與人俱求,常得之。高祖怪問之,吕后曰:‘季所居上常有雲氣,故從往,常得季。’高祖心喜。沛中子弟或聞之,多欲附者矣。”

按:以雲氣所覆蔽者爲有福德,北族亦有此説,其貴號多含此義。厥例甚夥,歷來讀史者曾未之察,當爲拈出。

匈奴之信史,昉自頭曼。“頭曼”一名,可參看奥斯曼(斡都蠻)土耳其語及克里米(Krym)語之 dumanla 與 dumanlan,有“霧氣蒙覆”“靄靄、陰晦”之義①。其突厥語根 duman/tuman 指霧靄②,借自古伊朗語(阿韋私陀波斯語謂雲氣爲 dvanman、dunman)。

突厥之信史,肇於土門。“土門”之號,音近韃靼(Tatar)方言 toman(霧;霧氣靄靄)。並參看八拉巴(Baraba)語 tumala“裹上,蓋上,蒙住”③,以及朔爾(Shor)、塞陔(Saghay)、科伊八(Qoybal)諸語之 tubanna“霧氣籠罩”④。

突厥初爲柔然之鍛奴,至土門始建貴號,欲與柔然争雄。柔然本爲拓跋之奴(木骨閭),“亡匿廣漠谿谷間,收合逋逃,得百餘人,依紇突鄰部”,至車鹿會,“雄健,始有部衆,自號‘柔然’”(《魏書·蠕蠕傳》)。“柔然”,《晋書·馮跋馮素弗載記》作“蝚蠕”,《魏書》作“蠕蠕”,《宋書》《南齊書》作“芮芮”,《北齊書》《隋書》作“茹茹”⑤。

---

① Радлов, *Опыт словаря тюркскихъ наречий* (*Versuch eines Wörterbuches der Türk-Dialecte*), Том III, Часть 2, С.-Петербургъ: Императорской академии наукъ, 1905, 1799: думанла “сделать туманнымъ, покрывать туманомъ; nebelig werden, aufsteigen (vom Nebel), trübe werden”; думанлан “сделаться туманнымъ; nebelig werden”.

② 該詞亦借入俄羅斯、烏克蘭語。

③ Радлов, 1521: тумала “окутать, закрыть; umhüllen, zudecken”.

④ Радлов, 1514: тубанна “окружать туманомъ; mit Nebel umhüllen”.

⑤ 《魏書·蠕蠕傳》云:“後世祖以其無知,狀類於蟲,故改其號爲‘蠕蠕’。”按魏收以“狀類於蟲”爲釋,殆不足信。此必有他故。後漢康孟詳、竺大力譯《中本起經》(一本作曇果、康孟詳譯)第二品《善來品》(一本作《現變品》)記長者阿具利有子,“字曰蚍蚍,晋言寶稱”(《中華大藏經(漢文部分)》714、715 號,第 33 册,第 936、971 頁),其中“晋言寶稱”四字當非原經所有,乃晋朝人附增之“子注”。經文歎美蚍蚍之捨欲求道,故“蚍”字雖從“虫”旁,當日僧徒必不以爲含貶義,此顯而易見之理也。

“柔然”乃鮮卑語 * nïwuǰal（或 * ǰïwuǰal）①，比較後世蒙古語動詞 niγučala-“掩匿、秘蔽”。柔然别稱檀檀，取義實同。《宋書・芮芮虜傳》云：“自索虜破慕容，據有中國，而芮芮虜有其故地，蓋漢世匈奴之北庭也。芮芮一號‘大檀’，又號‘檀檀’，亦匈奴别種。”《魏書・蠕蠕傳》云：“大檀者，社崘季父僕渾之子，先統别部，鎮於西界，能得衆心，國人推戴之，號牟汗紇升蓋可汗，魏言制勝也。”按“大檀/檀檀”即鮮卑語 * daldal，比較蒙古語動詞 daldala-“覆匿、遮護”。

晋末十六國時期，南凉王利鹿孤（秃髮氏）弟名傉檀（《晋書》卷一二六《秃髮烏孤、秃髮利鹿孤、秃髮傉檀載記》、《魏書》卷九九《鮮卑秃髮烏孤傳》）。“秃髮”爲“被覆”之義②，而“傉檀” * nïwuγdal 亦可比較蒙古語 niγuγdal“覆匿”。《隋書》卷八四《突厥傳》佗鉢可汗弟爲褥但可汗，都藍可汗（雍虞閭）母弟爲褥但特勤。宇文周、楊隋之世，突厥國“褥但”之號即借用鮮卑語之“傉檀”也。

《周書・異域傳上・稽胡傳》云：“稽胡，一曰‘步落稽’，蓋匈奴别種，劉元海五部之苗裔也。”《魏書・尒朱榮傳》有“步落堅胡劉阿如”，“步落堅”與“步落稽”語尾稍别，所指實一，即劉淵五部之苗裔。《魏書・官氏志》云：“步六孤氏，後改爲陸氏。”按“步落稽” * bürkä、“步落堅” * bürkän、“步六孤” * bürkük，宜比較蒙古語動詞 bürkü- ~ bürke-（覆蓋）。吉爾吉斯（吉利吉斯）語 бүркө-“蒙住，蓋上”、бүркөн-“裹嚴，蓋好”、бүркөк“蒙上”③。蒙古語 bürküg 有“［由

---

① 伯希和謂“柔然”諸譯之原型，歸根結蒂，宜爲 * žüäžän 之類，P. Pelliot, “À propos des Comans”, *Journal Asiatique* 15(1920): 144: “La forme primitive que suggéreraient les transcriptions serait en définitive quelque chose comme * Žüäžüän.” 伯氏未示其所擬之 * žüäžän 究係何義。

② “秃髮”有裹覆之義，参看卓鴻澤《歷史語文學論叢初編》，上海：上海古籍出版社，2012，第 61—62 頁。

③ К. К. Юдахин, *Киргизско-Русский словабь* (*Кыргызча-Орусча сөздук*), Москва: «Советская Энциклопедия», 1985, стр. 169: *бүркө-* “покрывать, закрыват”; *бүркөн-* “кутаться, укрываться”; *бүркөк* “покрытьий”.

蔭蔽而]陰晦”義。

公元 97 年後,鮮卑人時犯漢境。至漢桓帝時,檀石槐統一遼境東西部鮮卑,“南抄緣邊,北拒丁零,東却夫餘,西擊烏孫,盡據匈奴故地”,《後漢書·烏桓、鮮卑傳》云:

桓帝時,鮮卑檀石槐者,其父投鹿侯,初從匈奴軍三年,其妻在家生子。投鹿侯歸,怪欲殺之。妻言嘗晝行聞雷震,仰天視而雹入其口,因吞之,遂妊身,十月而産,此子必有奇異,且宜長視。投鹿侯不聽,遂棄之。妻私語家令收養焉,名檀石槐。

投鹿侯妻晝行於雷雨雲下,吞雹而妊娠,生檀石槐,投鹿侯棄之,妻秘付母家而匿養之。鮮卑語“檀石槐”* dal[da]ǰaɣur 可比較蒙古語 daldačila-“覆匿”、daldaɣur“暗中”(滿語 dalda- 爲“隱瞞”義)。檀石槐之孫有魁頭、步度根兄弟。鮮卑語“步度根”* büdägän 可比較蒙古語動詞 bütege-“覆蓋”及形容詞 büdeg、büdeki“陰晦”①。

公元 231 年,諸葛孔明以木牛運糧,率蜀軍伐曹魏,軻比能領鮮卑軍由北面策應,《三國志》卷三五《諸葛亮傳》裴注引《漢晋春秋》云:“亮圍祁山,招鮮卑軻比能。比能等至故北地石城以應亮。”軻比能爲鮮卑大人,《三國志》卷三〇《烏丸鮮卑東夷傳》謂“軻比能本小種鮮卑,以勇健,斷法平端,不貪財物,衆推以爲大人。”又謂:“部落近塞,自袁紹據河北,中國人多亡叛歸之,教作兵器鎧楯,頗學文字。”可知軻比能頗學漢文。按“軻比能”即小種鮮卑語* qapïqnïq/* qapïqlïq“蒙覆的”②,參看克里米方言、達蘭支方言、奥斯曼土耳其語、察合台突厥語、阿塞拜疆方言 qapaq“蓋”,以及察合台文 qapïq

① 中古“步”字對音,可參看粟特語 pāmbušt ~ βāmbušt(后妃)一詞之音譯:“防步率。”《魏書》卷一〇二《西域傳》於粟特國後述波斯國,記國人號“妃曰‘防步率’”。

② 其後綴,可比較野馬烈性未馴一詞,突厥語爲 emlik,蒙古語爲 emnig/emlig 或 emneg/emleg。

“掩藏,裹覆,隱匿,祕閟”①。

北魏太武帝拓跋燾,胡字佛狸。“佛狸”當比較蒙古語 büri-“覆蓋”、bürilge“罩”及滿語 buri-“罩上”。漢名“燾”,義爲罩,實爲鮮卑語“佛狸”之意譯。舊題孔鮒撰《孔叢子》卷三《小爾雅第十一·廣詁第一》云:“蓋,戴,燾,蒙,冒,覆也。”又《禮記·中庸》云:“仲尼祖述堯舜,憲章文武,上律天時,下襲水土,辟如天地之無不持載、無不覆幬,辟如四時之錯行,如日月之代明,萬物並育而不相害,道並行而不相悖。小德川流,大德敦化。此天地之所以爲大也。”鄭玄注:“聖人制作,其德配天地如此,唯五始可以當焉。幬亦覆也。小德川流,浸潤萌芽,喻諸侯也。大德敦化,厚生萬物,喻天子也。幬或作燾。”鮮卑佛狸以“燾”爲漢名,即取義於斯也。

思誤書

《北齊書·邢卲傳》:“[邢子才]有書甚多,而不甚讎校。見人校書,常笑曰:‘何愚之甚!天下書至死讀不可遍,焉能始復校此?且誤書思之,更是一適。’妻弟李季節,才學之士,謂子才曰:‘世間人多不聰明,思誤書何由能得?’子才曰:‘若思不能得,便不勞讀書。’”

按:不俟校讎,心知其誤,多爲烏焉成馬之類。然有一種字形迥别,但由詞語聯想而致傳抄時偶然以彼代此,相沿成誤,久莫之察者。兹舉三例:

(一)詹烏

據《史記·匈奴列傳》,公元前 105 年至前 102 年(漢武帝元封

① Радлов, *Опыт словаря тюркскихъ наречий* (*Versuch eines Wörterbuches der Türk-Dialecte*), Том II, Часть 1, 405: капак “крышка, пробка, der Deckel, die Stütze, Decke, der Pfropfen” (Cf. 406: капаклы “имеющий крышку, mit einem Deckel versehen”; “покрытый крышкою, замкнутый, mit einem Deckel zudecken, verschlossen”; “спрятанный, закрытый для глазъ, скрытный, versteckt, vor den Augen verborgen, heimlich, verschwiegen”) 414: капiк “закрытый, закутанный, запертый, verdeckt, umhüllt, verborgen, verschlossen”.

六年至太初三年），烏師廬爲匈奴單于，漢人號爲兒單于。自兒單于之後，“匈奴益西北，左方兵直雲中，右方直酒泉、燉煌郡”。漢武帝遣兩使者吊烏維單于之喪，一唁兒單于（烏維單于子），一唁右賢王（烏維單于弟，後爲呴犁湖單于），“欲以乖其國”，然“使者入匈奴，匈奴悉將致單于，單于怒而盡留漢使”①，前後十餘輩。前 105 年冬，“匈奴大雨雪，畜多飢寒死”，匈奴欲寇掠旁國以自救乏，“兒單于年少，好殺伐，國人多不安”。前 102 年，兒單于“欲自攻受降城，未至，病死”。

按“烏師廬”，《漢書・匈奴傳上》作“詹師廬”。“詹”同“瞻”，《春秋》莊公十七年齊人執鄭詹，《左氏傳》《穀梁傳》作“詹”，《公羊傳》作“瞻”。“詹師廬”之“詹”，蓋抄《漢書》者緣《小雅・正月》“瞻烏爰止”之句，而誤“烏”爲“詹”也。

“烏師廬”即匈奴語 ^{ʔ}a[γ]šra 之對音，有監護小兒之義，故漢譯“兒”單于也。突厥諸方言如巴爾喀爾、喀山韃靼等部方言之 asra“哺育”，喀拉柴方言之 asyra，八拉巴方言之 azra，哈喀斯方言之 azyra，楚瓦什方言之 osra/usra“撫育”等，又蒙古語之 asara（瓦剌方言 asṛ）“鞠育”②，皆其遺語也。

（二）周悉

據《史記・匈奴列傳》，老上單于稽粥③曾使“當户且居雕渠難”餽馬於漢孝文帝，《史記索隱》引樂彦云：“當户、且居各自一官。雕渠難爲此官也。”按雕渠難似當爲雕渠、難二人，“雕渠” * δiuγa 與

---

① 漢使非黥面不得入穹廬謁單于，《史記・匈奴列傳》云：“匈奴法，漢使非去節而以墨黥其面者不得入穹廬。王烏，北地人，習胡俗，去其節，黥面，得入穹廬。”

② Martti Räsänen, *Versuch eines etymologischen Wörterbuch der Türksprachen*, Helsinki: Suomalais-Ugrilainen Seura, 1969, 29:“nähren, füttern”, “aufziehen, erziehen”, “beschützen, erziehen”.

③ 公元前 47 年，韓昌、張猛與呼韓邪單于“俱登匈奴諸水（唐顔師古注：諸水即今突厥地諸真水也）東山，刑白馬，單于以徑路刀、金留犂撓酒，以老上單于所破月氏王頭爲飲器者共飲血盟。”（《漢書・匈奴傳下》）老上單于割斷月氏王頭，“稽粥”之名不知與突厥語 ketük、kesük“割斷”有關係否？

“難”* nanδ 借自西域方言，相當於梵語 devaka 與 nanda 也。

且居爲匈奴官號，《漢書・匈奴傳》作“且渠”，亦云“大且渠”，有左大且渠、右大且渠之官。東晋時，張掖盧水胡有以且渠（沮渠）爲姓者，建立北凉國，其族有沮渠京聲（世稱沮渠安陽侯）學佛於于闐，歸爲譯經居士。“且居”“且（沮）渠”之漢代對音爲* čäkä-、* čägä-。此匈奴語名稱實有其西域淵源。

漢代西域有子合國，見前後《漢書・西域傳》。“子合”* čäkäv-/* čakav- 爲西域胡語譯音。子合地近于闐。《梁書・西北諸戎傳》作周古柯國，“周古柯”即* čukuka。《魏書・西域傳》作“悉居半”，乃緣“周悉”一語而致誤，當爲“周居半”* čukuvan，即《新唐書・西域傳》之“朱俱槃”也。北魏僧惠生《使西域記》作“朱駒波”，則爲* čukupa。北齊那連提耶舍譯《大方等大集經・月藏分・分布閻浮提品》作“遮拘迦”* čakuka。玄奘《大唐西域記》卷一二作“斫句迦”* čakuka/* čaguka，奘師注云“舊曰沮渠”。

“子合”“且居（沮渠）”源出古伊朗語 čakauka-①，即雲雀，中古波斯文作 čakōk（ckwk），新波斯文作 chagūk、chakāwak。

匈奴官號“當户”亦飛禽名，《山海經・西山經》上申之山“其鳥多當扈，其狀如雉，以其髯飛，食之不眴目”，晋郭璞注“扈”云：“或作‘户’。”李廣長子名當户（李陵即李當户遺腹子），《史記・李將軍列傳》言廣“居右北平，匈奴聞之，號曰漢之‘飛將軍’，避之數歲，不敢入右北平”。所謂“飛將軍”之“飛”，指其羽箭疾飛，如當扈鳥之“以其髯飛”，故李廣以名其子也。《左傳・昭公十七年》郯子列述少皞氏“鳥官”，有“五鳩，鳩民者也；五雉爲五工正，利器用，正度量，夷民者也；九扈爲九農正，扈民無淫者也”之説。按：九扈之“扈”亦鳥名也。

---

① Walther Hinz, *Altiranisches Sprachgut der Nebenüberlieferungen* (Göttinger Orientforschungen III. Reihe: Iranica, Band 3), unter Mitarbeit von Peter-Michael Berger, Günther Korbel, Annegret Nippa, Wiesbaden: Otto Harrassowitz, 1975, S. 70: * čakauka- “Lerche”.

匈奴官號别有“章渠”。《史記・衛將軍、驃騎列傳》載武帝封霍去病詔有“絶大幕,涉獲章渠,以誅比車耆”之語。“涉獲章渠”,《漢書・衛將軍、霍去病傳》作“涉獲單于章渠”,顔師古注:“章渠,單于之近臣也,涉水而破獲之。”匈奴單于近臣號“章渠”。《史記・司馬相如列傳》載相如賦天子游獵,其下半部(《文選》作《上林賦》)有“鮫鯖(《漢書》作“交精”)鸓(《漢書》“旋”)目,煩鶩鷛𪇆(《漢書》作“庸渠”)”之句。裴駰《集解》:“徐廣曰:‘煩鶩,一作番䴉,鷛音容。’駰案:《漢書音義》曰:‘煩鶩,鳧也。鷛𪇆似鶩,灰色而雞足。’”司馬貞《索隱》引郭璞云:“煩鶩,鴨屬。鷛𪇆,一名章渠也。”《漢書・司馬相如傳》師古注:“庸渠,即今之水雞也。”按“鷛𪇆”即匈奴語“章渠”,本水禽名。

匈奴語之禽號,皆上古“以鳥名官”之殘餘也。《左傳・昭公十七年》郯子朝魯,談“少皞氏以鳥名官”之故實,“仲尼聞之,見於郯子而學之,既而告人曰:吾聞之:‘天子失官,學在四夷。’①猶信。”

(三)膏澤

約一世紀前,世人據《後漢書・西域傳》與大夏古幣,知貴霜(*kuṣāṃ)②前二王爲:

丘就卻 → 閻膏珍

kozoulo kadphizou/kozola kadaphes → ooēmo kadphises

伯希和始欲改“閻膏珎(珍)”爲“閻膏珤(寶)”,繼欲實之爲“閻膏弥(彌)”,以“閻”對譯 vem,“膏弥”對譯 *kaβi,即主張“閻膏弥 = vema kadphises”③。

---

① 參看《史記》卷二六《曆書》:“幽、厲之後,周室微,陪臣執政,史不記時,君不告朔(按:《漢書》卷二一上《律曆志上》作“三代既没,五伯之末史官喪紀”),故疇人子弟分散,或在諸夏,或在夷狄,是以其禨祥廢而不統。”《集解》引如淳《漢書音義》曰:“家業世世相傳爲疇。律,年二十三傳之疇官,各從其父學。”

② 佉樓文 kuṣāṇa/khuṣāṇa/guṣāṇa,大夏文 košano,粟特文 kūšān。

③ Paul Pelliot, “Neuf notes sur des questions d'Asie Centrale”, *T'oung-pao* 24 (1929): 201 - 3.

1995 年以後,世人據阿富汗拉八大(Rabatak)出土之大夏碑文,知貴霜前三王爲:

kozoulo kadphiso → ooēmo takto → ooēmo kadphiso

戈勃仍以閻膏珎當 vema kadphises(第三王),而謂閻膏珎之父丘就卻即 vema takto(第二王)之别名,並假設首王 kujula kadphises 之失載漢譯當爲"丘就膏珎(弥)"①。

愚謂"閻膏珍"本當作"閻澤珍",緣詞語"膏澤"而誤抄之耳。觀《後漢書・西域傳》謂大月氏"侵安息,取高附地,又滅濮達、罽賓,悉有其國。丘就卻年八十餘死,子閻膏珍代爲王",又云"高附國在大月氏西南,亦大國也","及月氏破安息,始得高附",其"高附"數數見,無一作"膏附"者,不應"閻膏珍"不作"高珍"而獨作"膏珍"。是可疑之字固不在"珍"而在"膏"也。且其所以誤"澤"爲"膏"者,實因見"珍"字而聯想及珍羞(饈)膏肥之義,以漢語珍即肉,而膏即肉之肥者故。由是益知"珍"字决定不誤。"閻澤珍"之漢代對音即 * wem taktin,其人即碑銘所書 ooēmo takto,特其亞利安語詞尾有所變易耳。月氏人從西天山逾葱嶺(帕米爾高原),至興都庫什(Hindukuš)北,佔有大夏(Bāxtrī, Baxl),轄境之内種族複雜,語言未統一,故人名形式亦未劃一。漢人所記彌足珍貴也。

居延

《史記・李將軍列傳》載漢武帝使李陵"將八百騎,嘗深入匈奴二千餘里,過居延,視地形,無所見虜而還。拜爲騎都尉,將丹陽楚人五千人,教射酒泉、張掖,以屯衛胡。"唐張守節《史記正義》:"《括地志》云:'居延海在甘州張掖縣東北六十四里。《地理志》云:'居延澤,古文以爲流沙。'"公元前 102 年,彊弩都尉路博德築遮虜鄣於

① Robert Göbl, "The Rabatak Inscription and the Date of Kanishka", in Michael Alram & Deborah Klimburg-Salter eds., *Coins, Art and Chronology: Essays on the Pre-Islamic History of the Indo-Iranian Borderlands*, Wiens: Verlag des österreichischen Akademie der Wissenschaften, 1999, p. 55 – 6.

居延澤邊。前 99 年,李陵射士步兵五千人爲匈奴單于八萬騎兵圍擊,陵戰八日,乏食而救兵不到,降於匈奴。《史記·匈奴列傳》築鄣"居延澤上"句,《正義》引《括地志》云:"長老傳云:鄣北百八十里,直居延之西北,是李陵戰地也。"

居延之"延"音"衍"。"居延"當爲 * qïyaγan 之對音,匈奴語葦肉、蘆沼之義也。詞根 * qïyaγ- 本指葭葦。哈喀斯語稱蘆葦爲 xïjγanax①。土庫曼語、哈薩克語、喀山韃靼語稱披鹹草爲 qïyaq②。

大月氏副王謝

公元 90 年(東漢和帝永元二年)夏,大月氏王以求尚漢公主不遂,遣其副王謝,將七萬兵踰葱嶺(今帕米爾高原)攻西域長史班超。超堅壁固守,謝軍糧盡,求援於龜茲,超伏兵遮破之。謝困而請罪,超義釋之歸。范曄《後漢書》卷四七《班超傳》載:

> 謝遂前攻超,不下,又鈔掠無所得。超度其糧將盡,必從龜兹求救,乃遣兵數百於東界要之。謝果遣騎齎金銀珠玉以賂龜兹。超伏兵遮擊,盡殺之,持其使首以示謝。謝大驚,即遣使請罪,願得生歸。超縱遣之。月氏由是大震,歲奉貢獻。

若論種族、語言,龜兹於月氏爲近親,故謝欲援以爲助。

公元前 1 世紀,印度西北守藩(梵語 kṣatrapa < 古伊朗語 * xšaθrapa)有名 Lιaka Kusuluka 者,見於大夏文泉幣(ΛΙΑΚΟ ΚΟΖΟΥΛΟ)③

---

① А. И. Инкижекова-Грекул, *Хакасско-русский словарь*, Москва: Министерство культуры СССР, 1953, с. 297: хыйғанах "осока".

② Martti Räsänen, *Versuch eines etymologischen Wörterbuch der Türksprachen*, 262: trkm. kzk. kaz. *kyjak* "eine Pflanze, die lange Blätter hat, Riedgras, Scheidegras(alymus)". 蒙古語 kiyaγ 指針茅。

③ Edward James Rapson, *A Catalogue of the Indian Coins in the British Museum: Catalogue of the Andhra Dynasty, the Western Kṣatrapas, the Traikūṭaka Dynasty and the "Bodhi" Dynasty*, London: The Trustees of the British Museum, 1908, "Introduction", p. cii.

及塔克西拉出土之佉樓文銅牌(Lıako Kusuluko)①。其第二成分 kozoulo/kusulu[ka],爲公元 1 世紀貴霜開國君主丘就卻所襲用,“丘就”即 kozou-/kuzu- 對音。大月氏王族人名成分屢有重襲現象。大月氏副王之名“謝”,或即此 liaka 之隔代重名歟。哈瑪塔判 liaka 爲其所擬南支塞語 * rya-ka- 之轉寫,舉于闐塞語 rya(“青春”)一詞爲比較②。

印度古人每籠統稱西北侵略者爲塞人,然印度史上之西北外族,本尚有吐火羅人,則 liaka 亦可能爲吐火羅語,如焉耆方言與龜兹方言之 lyāk(“光顯”)及 -lyāk/-lyāka(“觀”)③。

東瀛榎一雄謂“謝”即貴霜王名 Kaniṣka、Vāsiṣka、Huviṣka 常用語尾 -iṣka 中 -ṣk- 成分之對音④。榎氏殆未省漢人譯 -ṣk- 當用“色”一類字也。《漢書》卷七〇《陳湯傳》元帝建昭三年(前 36 年),陳湯率漢軍、烏孫胡兵追躡匈奴郅支單于,入康居,與康居貴人屠墨盟,又得“康居貴人貝色子男開牟以爲導。貝色子即屠墨母之弟,皆怨單于,由是具知郅支情”。“貝色子”即康居胡語 pāščīk。“貝”對譯

① Sten Konow, *Kharoshṭhī Inscriptions: with the Exception of Those of Aśoka* (Corpus Inscriptionum Indicarum Vol. II, Part 1), Calcutta (Kolkata): Government of India, Central Publication Branch, 1929, pp. 25, 29.

② János Harmatta, “The Language of the Southern Sakas”, *Acta Antiqua Academiae Scientiarum Hungaricae* 32 (1989): 301:“youth”.

③ Werner Thomas (unter Mitwirkung von Wolfgang Krause), *Tocharisches Elementarbuch*, Heidelberg: Carl Winter · Universitätsverlag, 1960, Bd. I, S. 152:“sichtbar”; “schauend.” 按視覺與光固密不可分,故梵語 āloka 兼有“光”與“視覺”二義。後漢支婁迦讖譯《佛説無量清淨平等覺經》及西晋聶道真居士譯《菩薩受齋經》中之廅樓亘 * aβ[a]lō-svar(或 * aβ[a]loa-svar?)即月氏譯師所傳俗語“觀音”(參看尼泊爾語 avalokan ~ abalokan“視覺”,R. L. Turner, *A Comparative & Etymological Dictionary of the Nepali Language*, London: K. Paul, Trench, Trubner, 1931, pp. 19, 26),而西晋竺法護(支法護)意譯作“光世音”,要必有月氏師資之傳承依據。

④ 榎一雄(Enoki Kazuo)《月氏の副王謝:クシャン王朝年代論に関する一臆説》(Getsushi no fukuō sha: Kushan ōchō nendairon nikansuru ichi okusetsu),《オリエント(*Oriento*)》(*Bulletin of the Society for Near Eastern Studies in Japan*) 11/1 - 2 (1968): 10 - 11。

詞幹 pāš[①](“齋戒”),若接以形容詞後綴 -čīk[②],爲强調 -k 收聲,漢譯須作“貝色”(“色”古音同爲 -k 收聲),蓋音理自爾。康居貴人貝色子或是齋日生人,遂以名焉。7 世紀玄奘大師譯《大毘婆沙論》(*Mahā-vibhāṣā-śāstra*)卷二〇〇結頌譯 Kaniṣka 爲“迦膩色加”(奘師《大唐西域記》卷四作“迦膩色迦”),以“色”(*ʃiək)對譯 -ṣ[k]-。音理與漢代“貝色子”譯例實同。

箜篌與篳篥

箜篌爲絃樂,有卧箜篌、豎箜篌二種,本出西域。

印度佛經故事言緊那羅女善擘箜篌,唯禁拂初絃,否則聞樂者悉起舞莫能自持矣。唐義净譯《根本説一切有部毘奈耶雜事》卷二九《第六門第四子攝頌之餘明佛從天下等事》,嗢鉢羅苾芻尼欲得最初禮世尊足,現神通力,化身輪王,會中鄔陀夷苾芻聞嗢鉢羅花香而識破之,世尊乃爲會衆説二人夙世因緣,鄔陀夷苾芻前生乃速疾婆羅門子,爲緊那羅神女所産,於海中擘箜篌,彈觸初絃,“船舶跳躑海中,遂便破碎”,速疾漂流至金翅鳥洲,與妙容女同居,即言斯事也。

西域豎絃琴,阿卡得語爲 kinnārum,希伯來語 kinnōr,阿拉米語 knr/knr',中古波斯語 kennār (kn' l),而“緊那羅”乃梵語 kiṃnara 之

---

① “貝”(*pat)字對音,可參看:(I)“劫貝”之“貝”(*pās)。唐慧琳《一切經音義》卷一七《大方等大集經》第十五卷玄應音義“劫波育”條:“或言‘劫貝’者,訛也。正言‘迦波羅’,高昌名‘氎’。可以爲布。罽賓以南,大者成樹,以北,形小,狀如土葵,有殼。”按“劫貝”當爲方音(“訛”)*kappās,即木棉,印度俗語 kappāsa,梵語 karpāsa,達邏鼻荼語亦强調 -pp- 輔音(Rev. Miron Winslow, *A Comprehensive Tamil and English Dictionary of High and Low Tamil*, Madras: P. R. Hunt, 1862, p. 289: kārppācam)。(II)“阿濕(攝)貝”之“貝”(*paj/*päj)。東晉佛典音譯人名“阿濕貝”(罽賓三藏瞿曇僧伽提[禘]婆[*Gautam Saṃghadeva]譯《中阿含經》卷五一《大品阿濕貝經第四》)或“阿攝貝”(《中阿含經》卷五五《晡利多品持齋經第一》)即*Aśpaj/*Aśpäj,當係迦畢舍、乾陁羅一帶(Kapiśa-Gāndhāra)方語俗音,相當於梵言“阿説示”(Aśvajit)。

② Ilya Gershevitch, *A Grammar of Manichean Sogdian*, Oxford: Basil Blackwell, 1961, p. 154: p'ščyk.

對音,舊譯"甄那羅","甄""緊"古音爲＊kĭn。

"空侯(箜篌)"一作"坎侯",見應劭《風俗通義·聲音》。"空"古音通"匈(胷)"。"匈"之聲符"凶"象坎陷,音義通"坎"。

"空侯(箜篌)"(＊qaŋγaq)或"坎侯"(＊qamγaq)當係匈奴語對音,取鏗然鳴者之義。然匈奴語該詞必藉自印歐語＊ghāṅkar ~ ＊ghāṁkar,其 ghāṅ ~ ghāṁ 乃象聲詞,kar 如梵語 kara/kāra,指造作者。

梵語 ghana 可指鈸、鐘一類金屬樂器,ghargharā/ghargharī 可指鈴、鈸或絃琴。摩羅絺語(Marāṭhī)ghaṅghāṭa 象鏗鏘之聲,或以 ghaṅghāḷa 名樂器①,烏利亞(Oḍiā/Oṛiā)語之 gharghara 一詞以戛然出音名豎琴②,均北方"印度亞利安"(Indo-aryan)古語之遺留也。

阿爾泰語系亦有同類現象。奥斯曼土耳其語 čangyr、čangyl 象瑲瑲聲,čyngyr 象金屬鏘然之聲,čyngyrak 指小鈴,čängi 指流浪琴手③。蒙古語 čang 指鉦(滿語作 cangga),蓋象聲也(滿語用 cang cang 或 cang cing 表示鐘罄聲),名詞 čanggilǰaγur/činggilǰaγur 指種種伎樂(藏文釋義爲 sil khrol、sil snyan),動詞 čingγara-指弸弓或令弓弦嗡鳴④。伊朗語族之粟特語以 čangaryā(cngry')/čingaryā(cyngry')指豎琴⑤,新波斯語作 chang,克什米爾語作 canga,大抵不離象聲性質。蒙古語 qangginaγur/qangginuur(藏文 sil sil、g·yer kha)"鈴鐺(梵文 kiṅkiṇī)"與 qanggilǰaγur(藏文 gsil byed、'khar

① Shankar Gopal Tulpule, Anne Feldhaus, Madhusūdana Paraśurāma Peṭhe, *A Dictionary of Old Marathi*, Mumbai: Popular Prakashan, 1999, p. 214.

② G. C. Praharaj, *Pūrṇṇacandra oḍiā bhāshākosha*, Cuttack: Utkal Sahitya Press, 1931 – 1940, V. 2, p. 2410: "a kind of rattling harp".

③ В. В. Радлов, *Опыт словаря тюркскихъ наречий*, Том III, Часть 2, С.-Петербургъ: Императорской академии наукъ, 1905, K. 1857 – 8, 1963, 2072.

④ Joseph Étienne Kowalewski, *Dictionnaire Mongol-Russe-Français*, Kasan: Imprimerie de l'université, 1844 – 49, pp. 2078 – 80, 2141 – 42.

⑤ Badr al-Zaman Gharib, *Sogdian Dictionary: Sogdian-Persian-English*, Tehran: Farhangan Publications, 1995, nos. 3219, 3352.

gsil)“鏗然鳴者,化緣所用[振環作響之]錫杖(梵文 khakkhara)”①則以 qang 爲象聲。

匈奴語 * qaŋγaq 以後綴 * -γ̊q 代替 kar 以表示造作者。此一後綴保存於突厥語、迴紇語中,如迴紇文有樂器名 čïmγuq,蒙古文作 čimγuγ/čamγuγ②。

西域又有管樂名篳篥,有大篳篥、小篳篥、雙篳篥(《隋書·音樂志下》)。“篳篥” * pler-當譯自印歐語方言(如羯語,參看龜兹語 ploriyo)。大抵胡人笳管多主悲調(參看《晋書》卷六二《劉琨傳》琨在晋陽爲胡騎所圍,乘月登樓清嘯,中夜奏胡笳,胡人懷土悲涕,棄圍而走之逸事),故又作悲篥(《舊唐書·音樂志二》)。唐人歌詩亦作觱篥(《新唐書·禮樂志》因之),然“觱”本作“觱”,《説文》“觱”:“羌人所吹角屠觱,以驚馬也。從角𤇾聲。𤇾,古文‘誖’字。”按《説文》所録乃漢代羌語。藏語動詞有二' bud pa: 其一指驅趕,命令式爲 bud;其一指吹奏,命令式爲 bus。所謂“驚馬”,即有驚動、驅趕馬群之義。《舊唐書·音樂志二》“篳篥”曰:“亦云: 胡人吹之以驚中國馬云。”其實,“篳篥”爲胡人蘆笛,“觱”則羌人吹角,後人加竹字頭於“觱”字之上,視同羌管、羌笛,遂合二名於一譯中矣。

匈奴語中之印歐語借詞

《漢書》卷八七下《揚雄傳》録揚子雲《長揚賦》有“破穹廬”“燒熐蠡”之語,張晏注:“熐蠡,乾酪也,以爲酵母。燒之,壞其養生之具也。”《魏書》卷九五《匈奴劉聰、羯胡石勒、鐵弗劉虎、徒河慕容廆列傳》序有“焚穹廬、收服匿”句。《南齊書》卷三九《陸澄傳》記陸澄博聞多識,爲王儉所不及:“以竟陵王子良得古器,小口方腹而底平,可

① Kowalewski, *Dictionnaire Mongol-Russe-Français*, 730:“tout ce qui rend un son, sorte de bâton dont on se sert en demandant l’aumône”, 731:“clochette,grelots”.

② “Glossary of Terms by György Kara”, in Mattal Haltod, John Gombojab Hangin, Serge Kassatkin, Ferdinand Lessing, *Mongolian-English Dictionary*, Bloomington: The Mongolia Society, 1995, p. 1222.

將七八升,以問澄,澄曰:'北名服匿,單于以與蘇武。'子良後詳視器底,有字髣髴可識,如澄所言。"

公元前 100 年,匈奴且鞮侯單于徙蘇武牧羝於北海之畔。《漢書》卷五四《李廣、蘇建傳》載,單于弟於軒王於公元前 96 年賜蘇武"馬畜、服匿、穹廬",孟康注:"服匿如罌,小口大腹方底,用受酒酪。"晉灼注:"河東北界人呼小石罌受二斗所曰'服匿'。"

按匈奴語稱盛酒酪之容器爲"服匿"(* būγnaq?),"燸蠡"則似爲印歐語借詞。張晏謂乾酪作酵母者,蓋製酪之法,先年之乾酪,保存經年,後年作酪時,可用爲酵母。賈思勰《齊民要術》卷六《養羊第五十七》敘其工序頗詳,且謂乾酪"得經數年不壞,以供遠行"。北方牧民用羊乳、驢乳、馬乳作酪,爲其"養生之具"。

"燸"字從火,或取煎酥炙酪之義。姚秦竺佛念譯《出曜經》卷一四《利養品第十四》:"昔大月支國風俗常儀,要當酥煎麥食豬。"和麥煎酥,月氏(支)人移居北印度後尚用以飼豬也。

"燸蠡"或當讀"䨲蠡",以甜酪甘如飴蜜故[①],"䨲"即蜜也。"蠡"則古"螺"字。南方使君子科藥菓訶子(或稱藏青果)或"呵梨(梨)勒",舊譯"呞蠡勒"或"呞螺勒"[②]反映 * ha-rēr-rak,當係大月氏語形式[③],尚保

① 參看梵語 moraṇa/moraṭa 兼指蜜露與酪漿,又其 madhudugha/madhudogha 一稱,dugha 即穀乳(今謂擠奶),madhu 即蜜也。貝利欲坐實"燸蠡"爲伊朗語,故從于闐塞語 biśī、beśī "curds"(凝乳)出發,將"燸蠡"擬爲 * mīlāka- < * mižāka-,並將于闐塞語 ula "camel"(駱駝)溯源於 * uža, H. W. Bailey, *Indo-Scythian Studies* (Khotanese Texts VII), Cambridge: Cambridge University Press, 1985, p. 31,稍欠説服力。

② 見東漢建安年間(196—220)譯經《中本起經·化迦葉品第三》之"呞蠡(螺)勒"(《中華大藏經(漢文部分)》第 33 册,938c、973b 頁)。

③ 茅第特曾臚列訶子諸譯名,用力甚劬,Dieter Maue, "Einige uigurische Wörter indischen und iranischen Ursprungs", in Werner Sundermann, Almut Hintze, François de Blois eds., *Exegisti Monumenta: Festschrift in Honour of Nicholas Sims-Williams*, Wiesbaden: Harrasowitz Verlag, 2009, p. 300,惜其獨遺"呞蠡勒"也。

留於阿富汗普什圖語之 hareṛṛa'h 一詞中①。考三國時所譯佛典,“蜜”可對譯 mar/mär②。“䖵蠡”似爲 * mäler/ * märer,比較乃沙(赫梯)語稱蜜爲 melit,邁希尼文(Linear B)記蜂蜜爲 me-ri,古典希臘語爲 meli(μέλι),亞美尼亞語爲 meġr(mełr)。

《後漢書》卷四《和帝紀》、卷二三《竇融傳》載匈奴左谷蠡王名師子。匈奴語“師子”(* šičäk)當借自月氏語,焉耆語 śiśäk 與龜兹語 ṣecake 最爲近之。《後漢書》卷三《章帝紀》及卷四《和帝紀》分别記載:“(公元 87 年)月氏國遣使獻扶拔、師子”,“(公元 88 年)安息國遣使獻師子、扶拔”。師子即獅子,扶拔不知何獸,章懷太子注謂“似麟無角”。安息(帕提亞)語稱獅子爲 šrg(上古波斯語爲 šargu),固非“師子”所自出。獅子在突厥諸方言有 arsar、arsïl、arslan 等異稱,亦不與匈奴語同。

丁零

丁令或丁零,《山海經·海内經》作釘靈。其詞根“丁”爲堅勁、壯健、雄猛之義,尚見於突厥語族如哈薩克等方言之 tïng、托布爾(Tobol)韃靼方言之 ding③。蒙古語變爲 čingγa,有健壯、堅固、緊實等義。“丁令”對音 * ting^{i}ling/ * tïng^{ï}lïng,其詞尾或即突厥語屬格後

---

① Major H. G. Raverty, *A Dictionary of the Puk'hto, Pus'hto, or Language of the Afghāns* (2nd ed), London: Williams & Norgate/Calcutta: W. Newman & Co., 1867, 1060:“a dried fruit given in medicine, myrobalan”.

② 支謙譯《佛説阿彌陀三耶三佛薩樓佛檀過度人道經》卷下列舉他方佛土菩薩當往生阿彌陀佛國者,其第四佛土之佛爲“阿蜜蔡羅薩”,相當於康僧鎧譯《佛説無量壽經》卷下之“甘露味”。“羅薩”當是“甘露味王”梵名(amṛtarasarāja)後半部之不完整譯音(rasar-),而“阿蜜蔡”(甘露)非據梵音 amṛta,而是從月氏化形式譯出,應參看龜兹語 amārraṣṣe 與粟特語 amarč。

③ Martti Räsänen, *Versuch eines etymologischen Wörterbuch der Türksprachen*, Helsinki: Suomalais-Ugrilainen Seura, 1969, 478: tγη “schwer, fest, stark”, “sehr, in hohem Grad;” diη “fest.” 雅庫特語 tyη/dyη 爲緊張、强作(туго, напряженно)之義。

綴-ning/-nïng 淵源所自。《三國志》卷三〇裴松之注引《魏略·西戎傳》云:"烏孫長老言:北丁令有馬脛國,其人音聲似雁鶩,從膝以上身頭,人也,膝以下生毛,馬脛馬蹄,不騎馬而走疾馬,其爲人勇健敢戰也。"按所云"勇健"不啻爲"丁令"釋義也。

丁令,西晋以後稱勑勒。"勑(勅)勒"即*tïγraq,其義與"丁"同,亦强雄之義也。此 tïγraq 保留於迴紇語,以及穆罕納(Ibnü Mühennā)、喀什噶里(Maḥmūd al-Kāšγarī)等人所録中期突厥語彙中①,蒙古語變爲 čigiraγ。"勒"字對音,可參看佛經慈氏譯名"彌勒",其名譯自月氏語,龜兹語 maitrāk、焉耆語 metrak 差爲近之。

《魏書》卷一〇三《高車傳》謂高車"古赤狄之餘種也,初號爲狄歷,北方以爲勑勒,諸夏以爲高車、丁零"。"狄歷"即*tigrek,蒙古語變爲 čigireg,與 čigiraγ 同義。

《魏書·高車傳》謂高車"其語略與匈奴同而時有小異,或云其先匈奴之甥也"。頗疑"勑勒"乃高車語,而"丁令"本匈奴語也,其語根實與漢語"丁壯"之"丁"同源。王充《論衡》卷二《無形》篇云:"白髮復黑,齒落復生,身氣丁彊,超乘不衰,乃可貴也;徒變其形,壽命不延,其何益哉!"或稱丁令,或稱勑勒,均丁彊、丁壯之義。"高車"者,言高出大車輪軸之丁男也。車軸,中期突厥語爲 tingil②。

勑勒亦稱鐵勒。"鐵勒"即*tïrraq,"勑勒"第一音節尾音-γ 爲第二音節首音 r- 所同化耳③。"勑勒""鐵勒"乃不同方言之對音。《新唐書》卷二一七上《回鶻傳上》有"亦號高車部,或曰勑勒,訛爲

---

① Räsänen, *Versuch eines etymologischen Wörterbuch der Türksprachen*, 477: tyγra-k "stark, fest"; tyγrak "batır yiğit".

② Н. Н. Поппе, *Монгольский словарь мукадимат ал-адаб*, Москва: Издательство Академии Наук, 1938, с. 349: tingil "ось телеги." 此詞亦借入中期蒙古語,《蒙古秘史》作"騰格里"(tenggeli)。

③ 敏亨黑芬謂"丁零"與"狄歷""勑勒""鐵勒"諸譯無疑全同,一律歸源於其所擬之*deklek, Otto Maenchen-Helfen, "The Ting-ling", *Harvard Journal of Asiatic Studies* 4/1 (1939): 83－4,殊嫌武斷。

鐵勒"之説，其所云"訛"者，即方音差異之謂[①]。例如《舊唐書》卷一二五《僕固懷恩傳》云："僕固懷恩，鐵勒部落僕骨歌濫拔延之曾孫，語訛謂之僕固。"按"僕骨～僕固"爲勑勒方音之異，猶突厥語族有名詞 buγur ~ buγu（雄駝或雄麋）[②]之比耳。

波斯語所稱游牧民族 tūrak（< θūraka-）與突厥族稱 türk，均取雄强之義，實與丁令、勑勒相同，甚可注意。《隋書》卷八四《北狄列傳・鐵勒傳》云："自突厥有國，東西征討，皆資其用，以制北荒。"是阿史那氏建立突厥國，稱雄於中、北亞，頗得鐵勒諸部之力。及突厥亡，迴紇、薛延陀盛（《新唐書・回鶻傳上》："突厥已亡，惟回紇與薛延陀爲最雄彊。"），此新興迴、薛皆出勑勒。李唐亦賴僕固懷恩聯合迴紇、僕骨之力，得平安史之亂。勑勒之於隋唐史，關係實超過丁令之於秦漢史也。

迴紇於 789—809 廿年中，兩請改字作"迴鶻"（《唐會要》卷九八唐德宗貞元五年、《舊唐書》卷一九五《迴紇傳》及《舊五代史》卷一三八《回鶻傳》唐憲宗元和四年），《唐會要》云"蓋欲誇國俗俊健如鶻"，《舊唐書》云"義取迴旋輕捷如鶻"，《舊五代史》云"義取迴旋搏擊，如鶻之迅捷"。唐譯"迴紇"、"迴鶻"之"迴（回）"所反映之胡語詞幹 * hwai，似宜對照土庫曼語鴟鵂 hüwi[③]。《新唐書》卷二一七上《回鶻傳上》記回鶻"亦曰烏護，曰烏紇，至隋曰韋紇"。"烏護"對音應比較朔爾（Shor）語鴟鵂 uγu（八拉巴、塞陔、克里米等語作 ügü）[④]，"烏紇"（ * uwuqur < * uγuqur）詞幹（ * uwu）可參看蒙古語鴟梟 uuli（< uγuli），而"韋紇"詞幹（ * uwï < * uγï）可比較中期突厥語鴟

---

① 參看拙文《"吐蕃"源出"秃髮"問題析要》第四節〈唐宋人語言描述中"訛"之觀念〉，卓鴻澤《歷史語文學論叢初編》，上海：上海古籍出版社，2012 年，第 77—79 頁。

② Cf. Martti Räsänen, *Versuch eines etymologischen Wörterbuch der Türksprachen*, 86.

③ Räsänen, 519：hüvi "сова".

④ В. В. Радлов, *Опыт словаря тюркскихъ наречий*, I/2, С.-Петербургъ: Императорской академии наукъ, 1893, 1618：уђу "филинъ/der Uhu".

梟 ügi、ühi①。契苾亦出自勅勒。《新唐書》卷二一七下《回鶻傳下》云：

契苾亦曰契苾羽，在焉耆西北鷹娑川，多覽葛之南。

按契苾之得名，似與鷹娑川有關。"契苾"、"契苾羽"當比較雅庫特語鷹隼 qïrbïï②。蓋猛鷙俊健，悉符"勅勒"之取勍義焉。印度有以鴟爲姓者，如世親論師出自婆羅門貴族，姓憍尸迦。佛經中釋提桓因(天帝釋)前世在人道時，姓憍尸迦，後生欲界天，爲三十三天(忉利天)之天主，佛洞見其夙世昔緣，故直呼之"憍尸迦"。梵語"憍尸迦"(kauśika)即鴟梟也。

侯莫陳

拓跋别部有侯莫陳部，拓跋力微時内附，稱侯莫陳氏，後改漢姓爲陳氏，見《魏書・官氏志》。《北齊書》卷一九《侯莫陳相傳》云："侯莫陳相，代人也。祖伏頹，魏第一領民酋長。"《周書》卷一六《侯莫陳崇傳》云："侯莫陳崇字尚樂，代郡武川人。其先，魏之别部，居庫斛真水，五世祖曰太骨都侯。其後，世爲渠帥。祖允，以良家子鎮武川，因家焉。"按"太骨都侯"一名，與漢代匈奴官名"骨都侯"當有關係，故疑侯莫陳部之祖先乃匈奴衰破後融入鮮卑者。

"侯莫陳"胡音 * qomaqdïn，語尾"陳"顯即突厥語奪格後綴-dïn。詞幹 * qomaq-指沙塵或地，即蒙古語 qumaγ、qumaki 及雅庫特語 kumax 之來源。"侯莫陳"猶云"從沙塵"或"從地"。《北齊書》卷一七《斛律金傳》記朔州勅勒部人斛律金(胡字阿六敦 * altun，華言"金")善騎射，"行兵用匈奴法，望塵識馬步多少，嗅地知軍度遠

① Räsänen, S. 519.

② Otto Böhtlingk, *Jakutisch-Deutsches Wörterbuch*, St. Petersburg: Kaiserlichen Akademie der Wissenschaften, 1851, S. 65: кырбыi "Habicht, Raufbold". П. А. Слепцов, *Якутско-русский словарь*, Москва: Издательство «советская энциклопедия», 1972, с. 210: кырбый "кобчик".

近”。侯莫陳部之得名，似即與此望塵嗅地之“匈奴法”有關也。

阿月渾

晚唐、五代詞人李珣爲西蜀梓州土生波斯人，所撰《海藥本草·木部》引徐表《南州記》謂廣南山谷生長之“無名木”，“主陰腎痿弱”，其木皮煎汁小浴，可治“囊下濕癢”；又謂“無名子”狀若榛子，“波斯家呼爲‘阿月渾[子]’”，“主腰冷，陰腎虛弱”，功效良如木香、山茱萸。

“阿月渾”之“渾”可對 * γun/* γon 或 * kun/* kön，“阿月”對 * āyur。若“月”讀“肉”音，則“阿月”爲 * āyuk。疑“阿月渾”爲長生之義。古伊朗語 * āyu- 與梵語 āyu(āyuḥ、āyur、āyuṣ)同根，華言壽。喀立(Badrozzamān Qarīb)《粟波英詞典》(*Farhang-i soghdī: Soghdī-fārsī-englīsī*，德黑蘭 1995 年版第 15 頁)收録粟特文長壽之名詞 āykun 與形容詞 āykunčīk。德梅松《波法詞典》據波斯文《辭海》(*Oqyānūs*)收録 ‘ayhūn 一詞，是一種芳香植物名①。

“阿月渾子”最初本指原產於中華之黄連木(*Pistachia chinensis*)，其葉味酚色艷，樹皮可入藥，兼以樹齡可達千年(其得長生之名，以此)，故受中外矚目。木皮治濕疹者即指黄連木。

原産於波斯之“必思答”(中古波斯語 pistag，新波斯語 pista/pistah②；*Pistachia vera*)果，中國人初目之爲“胡榛子”，見中晚唐人段成式(柯古)《酉陽雜俎續集》卷一〇《支植下》③。不知何時，始有人以黄連木之果實與之連類，致以“阿月渾子”兼指必思答果，而目其果仁爲阿月渾子仁。所謂治腎虛者，即指必思答果仁。14 世紀上半葉，忽思慧撰《飲膳正要》，卷三録有“回回田地”之“必思答”，即從波斯語譯出。新波斯語别有 buzghund ~ buzghunj 一詞可指必思答

---

① Jean Jacques Pierre Desmaisons, *Dictionnaire Persan-Français*, Rome: Typographie Polyglotte, 1908, T. II, p. 719:“nom d'une plante odoriférante”. 清代黑龍江城名瑷琿(俄文作 Айгунь)之“琿”亦讀若“渾”音，今人讀如“輝”音，殆不識其爲滿洲語 Aihūn(< aihū“母貂”)之對音也。

② 阿拉伯語 fustuq。

③ 榛子，中古波斯語爲 pondik，阿拉伯語 bunduq/funduq。

樹或核仁乾癟(空殻)之必思答果①。

中古波斯語、粟特語 wan 指樹木②,在新波斯語中則與 khinjik/khinjak 同義,指野生必思答或黄連木屬植物,當包括埃及黄連木(Pistachia khinjuk)與黑黄連木(Pistachia terebinthus),皆與阿月渾本名無涉也③。

《酉陽雜俎續集》止稱"阿月",謂"阿月生西國",已與波斯之必思答相混。

鮮卑與兔鶻

"鮮卑"(*šipig/*šiβig)有二種原型:

(一) 鮮卑指腰帶之帶頭

腰帶之帶頭,東胡謂之犀比(毗)/師比/私鈚("鈚"通"錍")/鮮卑,代指金頭帶,即所謂郭落帶、鉤絡帶或緄帶、衮帶。《史記·匈奴列傳》漢孝文帝與匈奴大單于書中列所贈物事有"比余""黄金飾具帶""黄金胥紕"等④,《索隱》引東漢張宴云"鮮卑,郭落帶,瑞獸名也,東胡好服之"⑤及延篤云"胡革帶鉤也"。《漢書·匈奴傳上》録

---

① Desmaisons, *Dictionnaire Persan-Français*, T. I, p. 296:"pistache vide".

② 相當於梵語 vana。佛經中祇洹(祇樹)之"洹"即此詞。

③ 中古波斯語稱核(胡)桃爲 gōz(新波斯語 gūz),勞費爾假定上古伊朗語爲*a[ṅ]gōza,故擬"阿月"爲*agōz,又擬"渾"爲*van(vun)(B. Laufer, *Sino-Iranica*, pp. 248–250)。勞説曲折,不無穿鑿之失。

④ "比余"即"比疏"。"胥"古通"疏","胥紕"或涉"比疏"致誤,《漢書》作"犀毗"。

⑤ 日本學者白鳥庫吉(Shiratori Kurakichi)《東胡民族考》(*Tōko minzoku kō*)因滿語稱祥瑞爲 sabi,稱野獸爲 gurgu,遂將張晏語解讀爲"鮮卑郭落 = 瑞獸",即"鮮卑*sapi/*saipi = 瑞""郭落*guruk = 獸",石田幹之助(Ishida Mikinosuke)、山本達郎(Yamamoto Tatsurō)監修《白鳥庫吉全集》(*Shiratori Kurakichi zenshū*)卷四《塞外民族史研究上》(*Saigai minzokushi kenkyū*, jō),東京(Tōkyō):岩波書店(Iwanami Shoten),1970 年,第 87—88 頁。清康熙時,周安士開士評宋儒"'天'固即是理、'性'亦即是理"之説,謂據宋儒之釋,則《中庸》"天命之謂性"遂爲"理命之謂理","思之,不覺失笑"(周夢顔《文昌帝君陰騭文廣義》)。苟據白鳥氏之説,則張晏語乃爲"瑞獸帶,瑞獸名也",亦"理命之謂理"之儔乎。

孝文帝書作“比疏”“黄金飭具帶”“黄金犀毗”,孟康注云“要(腰)中大帶”。按“大帶”即“郭落帶”,蓋以“大”釋“廓落”,即《莊子·逍遥游》之“瓠落”(梁簡文帝《莊子義》謂“瓠落猶廓落”,見唐陸德明《音義》引)。《三國志》卷二一《魏書·劉楨傳》裴松之注引《典略》“文帝嘗賜楨廓落帶”,又卷六四《吴書·諸葛恪傳》:“鉤落者,校飾革帶,世謂之鉤絡帶。”劉熙《釋名·釋宫室》云:“郭,廓也,廓落在城外也。”藏語圍堤曰 rags,亦形容粗大廓略爲 rags,而腰帶復稱 ska rags,與廓落相似。滿洲語 sibke 有鎖釦、鉤環一義①,或即私鈚之遺。

(二)鮮卑爲瑞獸之名

鮮卑族、鮮卑山之“鮮卑”爲瑞獸之名。梵語猛獸爲“尸毘”śibi/śivi,通古斯語有神犬名 sīwi(<* siwigē)②。

遼金時期契丹語稱帶頭之環釦爲* toγur,音譯爲“兔鶻/吐鶻”③。

---

① И. И. Захаров, *Полный маньчжурско-руский словарь*, Санкпетербургъ: Типография императорской академия наукъ, 1875, с. 599: сибкэ “накладка на пробой, после надевания которой запирается замокъ; дужка у замка и петли у крышки сундука”.

② В. И. Цинциус и др., *Сравнительный словарь тунгусо-манчжурских языков: материалы к этимологическому словарю*, Ленинград: Издательство «Наука», 1975, II, с. 75: Ороч **сӣви** “миф. кличка собики (одной их трех у духа быстроты хадо)”. 伯希和参照新波斯語獅子 šēr,復欲牽合“室韋”一名之詞首音節,遂擬“師比(鮮卑)”爲* särbi、* serbi,寔未妥確,P. Pelliot, “Neuf notes sur des questions d'Asie Centrale”, *T'oung pao* 24(1929): 223, n.1; “Notes sur les T'ou-yu-houen et les Sou-pi”, *T'oung pao* 20(1921): 331; “L'édition collective des œvres de Wang Kouo-wei”, *T'oung pao* 20 (1928 – 1929): 142。敏亨黑芬執“郭落”及伯氏之* serbi 以與印歐語掛鉤,舉“刈鉤”(scythe)在古愛爾蘭語爲 serr,古斯拉夫語(Old Church Slavonic)爲 srъpъ,拉脱維亞語(Lettish)爲 sirpe,希臘語爲 ἅρπη(harpē;拉丁語 sarpio, sarpo“剪刈”)等爲例證,Otto Maenchen-Helfen, “Are Chinese *hsi-p'i* and *kuo-lo* IE Loan Words?” *Language* 21/3, suppl. (1945): 256ff,不免歧中歧矣。

③ 洪遵《松漠補遺》(金毓黻主編《遼海叢書》第一册,瀋陽:遼瀋書社,1985年,第 213 頁)謂爲“插垂頭者”,伯希和似以爲指帶銙(un pendant de ceinture),見 Berthold Laufer, *Arabic and Chinese Trade in Walrus and Narwhal Ivory*, with *Addenda* by Paul Pelliot(Reprinted from the *T'oung-Pao* XIV), Leyden: E. J. Brill, 1913, p. 55,實非。

《遼史·蕭樂音奴傳》:“賜骨柮犀並兔鶻。”《金史·世宗昭德皇后傳》:“故遼骨睹犀佩刀、吐鶻良玉、茶器之類,皆奇寶也。”按“兔鶻/吐鶻”有玉製、金製二種,故以爲寶。

“兔鶻/吐鶻”帶頭又可代指金頭帶或玉頭帶。《宋史·輿服志六》亡金遺臣張天綱稱連珠環玉束帶“國言謂之‘兔鶻’”。《金史·輿服志下》:“其束帶曰‘吐鶻’。”《金史·哀宗紀》有“玉兔鶻帶”,《烏古論鎬(栲栳)傳》有“金兔鶻帶”。

據上引《宋史》、《金史》之文,知女真人亦襲用契丹語“兔鶻”。蒙古語動詞 toγuri-爲“環遶”義,名詞 toγurčaγ 一指帽釦,一代指具釦小帽。至清代,“兔鶻”反用以稱獵兔之鷙禽,對應滿洲語 itulhen~iturhen(蒙古語 itelgü)矣。

拓跋部故事

《魏書》卷一《序紀》云:

> 聖武皇帝諱詰汾。獻帝命南移,山谷高深,九難八阻,於是欲止。有神獸,其形似馬,其聲類牛,先行導引,歷年乃出,始居匈奴之故地。其遷徙策略,多出宣、獻二帝,故時人並號曰推寅,蓋俗云鑽研之義。

按:拓跋部南徙故事,以推寅(北魏政權追謚爲宣帝)與鄰(追謚獻帝)二人爲籌略劃策之謀主,故號推寅,俗云鑽研之義。“推寅”爲鮮卑語 *čüyil- 對音,此即蒙古語動詞 ǰüyile-“部署,按類擺列,編排”①之所從出也。

---

① Joseph Étienne Kowalewski, *Dictionnaire Mongol-Russe-Français* (*Монгольско-русско-французскій словарь*), Kasan(Казань): Imprimerie de l'université, 1844–49, p. 2407:“расположить по разрядамъ, по матеріи, сортировать, отделить;disposer d'après les espèces, assortir”.科瓦列夫斯基所附藏文釋義爲 gshib pa(按: = gzhibs pa)、sde sder bgo ba,即“布置排列”“按部類劃分”之義。

乞伏部故事

《晉書·乞伏國仁載記》叙大陰山外有一巨蟲,"狀若神龜,大如陵阜",化爲一小兒,乞伏部一老父無子,養爲子,"老父欣然自以有所依凴,字之曰'紇干'。'紇干'者,夏言依倚也。"按:"紇干"即鮮卑語 * horᵒ γan,本當是神龜之名。滿語玳瑁爲 hurugan,huru 指高阜、龜背,可以參看。"乞伏"或可比較蒙古語 gölbürge"蜥蜴"。

然乞伏部人以動詞 * horᵒ-"依倚"爲釋。蒙古語 oro-有進入、依附等義,orodosu 指能附着(憑依)於人身之病魔,oroγalan 指能變化、附體之鬼物,皆與乞伏部該詞有關。《乞伏國仁載記》又記小兒"年十歲,驍勇善騎射,彎弓五百斤",後威振諸部。此蒙古民間故事格套之來源也。蒙古民間故事每叙一出身卑微之小英雄,與一小馬終始相依,不離不棄,共同屢險如夷,克敵制勝。觀《乞伏國仁載記》,知其有千年以上之歷史,可謂源遠而流長矣。

《魏書》卷一四《神元、平文諸帝子孫傳》拓跋力微有曾孫名紇羅。鮮卑語"紇羅"即麔(牡鹿),相當於蒙古語 γura。拓跋燾以"神麔"爲年號,即此。

唐白居易《新樂府·陰山道》:"陰山道,陰山道,紇邏敦肥水泉好。每至戎人送馬時,道旁千里無纖草。草盡泉枯馬病羸,飛龍但印骨與皮。"疇昔陳寅恪先生以此詩言迴紇(回鶻)市馬之事,而迴紇語屬突厥語族,因舉拉德洛夫《突厥方言詞典》所録獵别(Lebed)部與黑林韃靼(Tuba)部方言名詞 tunā"草;草土",謂即"紇邏敦"之"敦",以"紇邏"當突厥語 kara"黑色"①,釋"紇邏敦"爲"青草"②。竊謂寅老欲以"黑"通"青",頗有困難,如《蒙古秘史》中 qara tün"黑

---

① В. В. Радлов, *Опыт словаря тюркскихъ наречий* (*Versuch eines Wörterbuches der Türk-Dialecte*), Т. III/Ч. 1, 1440: туна̄ "дёрнъ, пластъ; der Rasen, das Rasenstück". 又 kara 見該詞典 Т. II/Ч. 1, 132 – 7: кара "чёрный; schwarz".

② 陳寅恪《元白詩箋證稿》第五章,上海:上海古籍出版社,1978 年,第 255 頁。

林”一詞,曾無釋之爲青林者。

按:“紇邏敦”當爲鮮卑語 * hör$^{\ddot{a}}$dün,謂肥畜,白樂天詩“紇邏敦肥”殆以“肥”釋“紇邏敦”也。仍以寅老生平所及見之辭書爲證。高思頓斯基手抄《蒙俄詞典》收録蒙古語形容詞 ürdüm/ördüm,詞義即“肥”①,當爲鮮卑語之遺。蒙古語脱落起首 * h-聲,語尾 -n ~ -m 可比較蒙古語 naγadum ~ naγadun ~ naγadul“娱戲、角抵大會;大節慶”之例。“紇邏”之“紇”對譯 * hör,可參看唐密譯梵音字種 hrīḥ 爲“紇利”之例(“紇”對譯 hr-),如唐不空譯《大樂金剛不空真實三昧經般若波羅蜜多理趣釋》卷下説“紇利”字門,“由此字加持,於極樂世界水鳥樹林皆演法音,廣如經中所説。若人持此一字真言,能除一切灾禍疾病,命終已後,當生安樂國土,得上品上生”。“一字真言”者,即悉曇字 (hrīḥ)也。

又,寅老既信《元和姓纂》“草爲俟汾”之説,遂欲釋《昭君出塞變文》“邊草叱沙紇邏分”一句中之“紇邏分”爲紇邏草之義,謂“分”即“俟分”之省略②。實則“紇邏分”乃鮮卑語 * qïraβun,即蒙古語 kiraγu[n]“白霜”之所自出,《變文》斯句特寫寒沙草霜之景象也。唐代音譯梵咒,以“紇邏二合”對譯梵音 kra③,例如金剛智譯《千手千眼觀自在菩薩廣大圓滿無礙大悲心陀羅尼咒本》之“跛囉紇邏二合娜耶莽曩(prakradayamana)”(《大正藏》第 20 册,1061 號),足資比勘。

然寅老當日不過誌其一時之所見,豈有自顯已能之意?實冀後人續爲探索,竿頭更進,始足以光大民族學術之遺業耳。上來略攄鄙見,非敢自是,乃所以報答前賢啓廸後學之深恩也。

---

① К. Ф. Голстунский, *Монголь ско-русский словарь*, С.-Петербургъ: Факультет Восточных языков С.-Петербургского Университета, 1895, Т. 1, с. 266: *ürdüm* “жирный, тучный”.

② 陳寅恪《元白詩箋證稿》,第 256 頁。

③ “紇邏”,元末明初譯作“屹囉”“吃囉”,參看卓鴻澤《試論 Sonom Gara/Kara < * Sonom Gra/Kra 即“莎南屹囉二合”以及一批中期蒙古語密典下落不明之問題》,見本書附録二。

鮮卑語中之梵語借詞

《魏書》卷九九《鮮卑乞伏國仁傳》載乞伏熾磐子乞伏暮末,別字安石跋,熾磐死,繼立爲西秦主,政刑酷濫:

暮末字安石跋。既立,改年爲永洪。其尚書隴西辛進曾隨熾磐游於後園,進彈鳥丸,誤傷暮末母面。至是,殺進五族二十七人。暮末弟殊羅烝熾磐左夫人禿髮氏,暮末知而禁之。殊羅懼,與叔父什寅謀殺暮末。禿髮氏盜門鑰於内,鑰誤,門者告暮末,收其黨與,盡殺之。欲鞭什寅,什寅曰:"我負汝死,不負汝鞭。"暮末怒,刳其腹,投屍於河。什寅母弟白養及去列頗有怨言,又殺之。

按:"暮末"即 * mamad,借自梵語 mamatā,華言我慢;"安石跋"即 * arǰaγbač,"跋"爲鮮卑語詞綴,詞幹"安石"借自梵語 arcaka,華言禮拜。蓋敬拜佛、師、善知識,能摧折"我慢幢"、摧壞"我慢山"故。如北凉曇無讖譯《優婆塞戒經》卷一《集會品第一》云:"[佛]爲菩薩時,於無量世,供養師長、諸佛菩薩,頭頂禮拜,破憍慢故,是故先得無見頂相。"另參看曇無讖譯《大方等大集經》卷六《寶女品第三之二》佛告寶女"心無憍慢,恭敬禮拜長老有德……是名菩薩修行法行"及卷二六《寶髻菩薩品第十一之二》財功德王子"自恃端正而生憍慢,初不向佛恭敬禮拜"。"暮"字對音,當參看"阿含暮"(āgama)①、"達暮多羅"(Dharmatala)②之例。

暮末弟名殊羅,疑爲阿殊羅之省,如阿羅漢略稱羅漢、阿修羅簡稱修羅之比。梵語"阿殊羅"(ajura),華言不老(梵語 jura 與 jara 同

---

① 《出三藏記集》卷二著録《四阿含暮抄經》二卷,晉孝武帝時西域沙門鳩摩羅佛提於鄴寺出。

② 後秦僧肇《注維摩詰經》卷二於"入諸婬舍,示欲之過"句下,肇師引鳩摩羅什大師講義云:"外國有一女人,身體金色。有長者子名達暮多羅,以千兩金要入竹林,同載而去。文殊師利於中道變身爲白衣,身著寶衣,衣甚嚴好。女人見之,貪心内發。文殊言:'汝欲得衣者,當發菩提心。'女曰:'何等爲菩提心?'答曰:'汝身是也。'問曰:'云何是?'答曰:'菩提性空。汝身亦空。'"

出動詞詞根√jṛ,變老趨朽之謂)。曇無讖譯《大般涅槃經》卷五《如來性品第四之二》佛告迦葉菩薩:"善男子,譬如甜酥八味具足,大般涅槃亦復如是八味具足。云何爲八? 一者常,二者恒,三者安,四者清涼,五者不老,六者不死,七者無垢,八者快樂。是爲八味具足。具是八味,是故名爲大般涅槃。"

隴西地近姑臧,熾磐受北凉佛教文化之影響,於暮末兄弟之名字可以概見。

北朝胡族新名仍存舊義之例

北魏拓跋燾,胡字佛狸 * büri-,爲覆蓋義①,或加後綴爲佛狸伐 * büribäč/ * büribär。漢名"燾"通"幬",亦罩覆義,詳本書《蒙覆》條。知"拓跋燾"之"燾"今當讀 dào,其讀 tāo 者非是。

《宋書》卷九五《索虜傳》記"燾有六子,長子晃字天真,爲太子"。鮮卑語"天真" * täl^{i}čin/täl^{i}ǰin,詞根保留於滿洲語動詞 tališa-(閃耀)與名詞 talkiyan(閃電)之中。漢名"晃"與胡字同義。

據《索虜傳》,拓跋晃子拓跋濬"字烏雷直懃,素爲燾所愛,……立濬爲主","濬死,謚文成皇帝,子弘之字第豆胤代立"。按漢名"濬"訓深、通,"弘"訓大、寬,父子名義相承,如唐代河東張寶符、張調父子改名延賞、弘靖,"延"、"弘"其義相承(《新唐書》卷七二下《宰相世系表下》)。烏雷直懃之"直懃"爲拓跋濬登王位以前之胡銜,其名"烏雷" * örüi- 當比較蒙古語 örgen(寬闊)與 örüsiye-(仁慈寬弘)②。拓跋弘胡字"第豆胤" * deldügen 之詞根 * del-,見於蒙古語

① Cf. Joseph Kowalewski, *Dictionnaire Mongol-Russe-Français*, Kasan: Imprimerie de l'université, 1846, T. II, p. 1258: bürikü "покрыть, закрыть/couvrir, mettre une couverture, voiler"(滿文 burime,藏文 g · yog par byed pa, dbub pa, ' bubs pa).

② 花拉子模辭書録有 üre(öre)一詞,玻珀以 örüsiye- "милосердствовать"(Н. Н. Поппе, *Монгольский словарь мукадимат ал-адаб*, Москва: Издательство Академии Наук, 1938, с. 382)關聯之。

delger(寬大、擴延)①。

北齊高歡"累世北邊,故習其俗,遂同鮮卑"(《北齊書》卷一《神武帝紀》),故取鮮卑語"賀六渾"爲字。《神武帝紀》記高歡"嘗乘驛過建興,雲霧晝晦,雷聲隨之,半日乃絶,若有神應者。每行道路,往來無風塵之色。又嘗夢履衆星而行,覺而内喜"。北俗以爲雲霧蒙晦,爲天神覆護之象。天神眷注、關愛,高歡名字即取義於斯。鮮卑語"賀六渾" *γar^{u}γun/ *qar^{u}γun 當有"愛"義,與"歡"呼應,蒙古語 qaraγu(關愛、照護)②及瓦剌語 χarm(慳貪、妒羡)③即其遺迹。

北周宇文泰,胡字黑獺,即 *hik tal。鮮卑語 *hik[e] 義爲大,爲蒙古語 yeke 所自出; *tal 指平曠,蒙古語 tala 指曠原。漢文"泰"通"太",訓大也。

宇文泰第四子宇文邕,胡字禰羅突,即 *nayiradur,詞幹同於蒙古語 nayi-,而 nayira- 有和諧、安和之義④。漢文"邕"通"雍",訓和也。"突"爲後綴,其遺迹見於蒙古語冰雹 möndür(< möldür)等詞中。參較"統萬/吐萬"附後綴"突"爲"統萬突/吐萬突"(*tomoldur),或附後綴"兒""仁"爲"吐萬兒(吐没兒)"(*tomolǰï)、"吐萬仁"(*tomolǰïn)⑤之例可知,皆符合蒙古語族之語言特徵,當

---

① Kowalewski, *Dictionnaire Mongol-Russe-Français*, Kasan: Imprimerie de l'université, 1849, T. III, p. 1722: delgher "широкий, пространный, распростертый/large, étendu, développé, déplié, ouvert, épanoui".

② Isaac Jacob Schmidt, *Mongolisch-Deutsch-Russisches Wörterbuch* (*Монгольско-немецко-россiйскiй словарь*), St. Petersburg: Kaiserlichen Akademie der Wissenschaften (Императорской Академiи Наукъ)/Leipzig: Leopold Voss, 1835, S. 139: qaraγu "aufmerksam, besorgt, sorgetragen/внимательный, заботливый, попечительный.

③ G. J. Ramśtedt, *Kalmückisches Wörterbuch*, S. 169: χarm "neid, geiz".

④ Cf. Joseph Kowalewski, *Dictionnaire Mongol-Russe-Français*, T. II, p. 599: nayiraγu "harmonieux, harmonique; paisible, pacifique; doux, tranquille; modéré".

⑤ Cf. Kowalewski, *Dictionnaire Mongol-Russe-Français*, 1849, T. III, p. 1863: tomoldsama (tomolǰama) "un cheval agile".

係鮮卑語①。

《周書》卷二一《尉遲迥傳》:"尉遲迥字薄居羅,代人也。其先,魏之别種,號尉遲部,因而姓焉。"按光明炯照,俗作"迥",如實叉難陀譯《大方廣佛華嚴經》卷九《華藏世界品第五之二》帝網幢世界有"佛號燈光迥照"。胡字"薄居羅"(* baqïla)應比較突厥語族(如喀拉吉爾吉斯、喀山等方言)動詞 balqï-(光照)②。"尉遲"(* uttï)③應對照回鶻語 ut-"克勝"④,哈薩克語作 ɵt-,芬蘭語爲 voi-tta-⑤。尉遲氏入西域于闐者,取梵語 viji/vijita(華言勝)爲其對應族氏,仍存舊義。

《隋書》卷八三《于闐國傳》云:"其王姓王,字卑示閉練。""卑示閉練"即 * Vijit[a]Praṇ[a]之對音。"示"對譯 * jit,如北周摩伽陀(Magadha)國禪師闍那耶舍譯《大乘同性經》(亦名《一切佛行入智毘盧遮那藏説經》)卷上有尊者阿説示,即梵語 Aśvajit 之對音⑥。貝利謂于闐文所見 vījītta/vījatta(佉樓文 vijida)乃于闐塞語固有專名 viśa'(一作 väśa')之印度化,並主張漢文"尉遲"反映 * u̯iža,與 viśa'

① 周一良《論宇文周之種族》疑胡名綴"突"者乃宇文氏僅存之"匈奴特徵"(周氏《魏晋南北朝史論集》,北京:北京大學出版社,1997 年,第 253 頁),恐非是。

② В. В. Радлов (W. Radloff), *Опыт словаря тюркскихъ наречий* (*Versuch eines Wörterbuches der Türk-Dialecte*), IV/2, С.-Петербургъ: Императорской академии наукъ, 1911, 1499: балкы "разливать света, сиять, блестеть / Licht ausströmen, leuchten, glänzen".

③ "遲"字對音,可參照"犍遲/犍地"譯例。6 世紀北天竺乾闥(揵陀囉,Gāndhāra)國人闍那崛多譯《佛説諸法本無經》卷上有"即鳴犍遲,集比丘衆"與"復鳴犍稚,集比丘衆"之文,其"犍遲/犍稚"一詞,當比較巴利語 gaṇḍī(鑼)/ghaṇṭī(鐘鈴,俗語作 ghaṇṭiya)。隋唐間"稚(穉)"、"遲"音近,南宋志磐(大石禪師)《佛祖統記》卷四中大迦葉"撾銅犍稚",注云"音虔地",並引《五分律》"隨有瓦木銅鐵鳴者,皆名'犍地'"云。"犍稚"形譌爲"犍椎",進而誤爲"犍槌",閲藏者往往見之,故南宋法雲(無機子)《翻譯名義集》卷七《犍椎道具篇》有"請尋古本及大藏經律考之,方知其謬"之語也。

④ Радлов, *Опыт словаря тюркскихъ наречий*, I/2, 1893, 1703: ут "победить/besiegen".

⑤ Räsänen, *Versuch eines etymologischen Wörterbuch der Türksprachen*, Helsinki: Suomalais-Ugrilainen Seura, 1969, S. 517.

⑥ "阿説示",唐中天竺國沙門地婆訶羅譯《證契大乘經》(亦名《入一切佛境智陪盧遮那藏經》)卷上作"阿説視多"(* Aśvajita)。

對等①。實則唐人作“尉遲”者,殆仍依尉遲部原語耳②。尉遲部之語言近於突厥,異乎拓跋部。

《周書》卷九《宣帝尉遲皇后傳》記“尉遲皇后名熾繁”。此尉遲部女子名熾繁之例。又西秦第三主爲乞伏熾磐(見《晋書》《魏書》,《宋書》作“乞佛熾槃”),是乞伏部男子有名熾磐者。“熾繁”、“熾磐(槃)”固北語同音異譯,反映 * čïβïγan,即蒙古語 čibaγa[n]、突厥語 čïbïqan/čïpqan“野生酸棗(Zizyphus vulgaris)”所自出。注意 * βïγan 急讀,自然趨近 bhan 音。

上舉拓跋氏、宇文氏數例,皆依胡義起漢名。高歡先有漢名,後起胡名。尉遲本阿爾泰語,入于闐而改從印度亞利安語。情况容有差别,然皆異其語而一其義也。

1999 年,山西太原出土隋墓,墓志言墓主魚國人虞弘“字莫潘”。按波斯火教古經獻祭偈佗(gāθā)有所謂“弘賞豐饋”(mazōi magāi),即施主廣供,祆神厚貺(Yasna 29: 11、46: 14)。虞弘胡字“莫潘”似與祆祭中 magauuan 之觀念有關,對應於梵文《歌詠吠陀》(Ṛg Veda)之讚釋提桓因(Indra)爲 maghavan(博施寬弘)③。漢文“弘”可指弘富豐厚,如《隋書》卷六三《衛玄傳》記衛玄抗楊玄感叛

---

① H. W. Bailey, “Kaṇaiska”, *Journal of the Royal Asiatic Society of Great Britain & Ireland* 1 (1942): 14.

② 《魏書》卷一〇二《于闐國傳》云:“自高昌以西,諸國人等深目高鼻,唯此一國,貌不甚胡,頗類華夏。”此謂于闐居民狀類蒙古人種,獨缺高加索人種之表徵,異乎西域諸國。同《傳》又云:“于闐西五百里有比摩寺,云是老子化胡成佛之所。”按吐蕃人稱于闐國爲“李國”(藏語 Li yul),竊疑即由其地傳爲李老君化胡處故耳。《舊唐書》卷六八《尉遲敬德傳》云:“敬德末年篤信仙方,飛鍊金石,服食雲母粉,穿築池臺,崇飾羅綺,嘗奏清商樂以自奉養,不與外人交通,凡十六年。”是敬德戎馬半生,所向無敵,無愧於尉遲氏克勝之名,而終乃棲心仙道,羡慕長生,與李唐皇室同也。

③ Manfred Mayrhofer, *Kurzgefaßtes etymologisches Wörterbuch des Altindischen*, Heidelberg: Carl Winter · Universitätsverlag, 1956, Bd. I, 545 – 6. Cf. Hanns-Peter Schmidt, “Gathic *maga* and Vedic *maghá*”, in *K. R. Cama Oriental Institute International Congress Proceedings* (5th – 8th *January 1989*), Bombay, 1991, pp. 220 – 239. 又,迴紇人取祆神之名 χormusta(借自粟特語 xwrmzt' < 古波斯語 Ahura Mazdā)以稱帝釋天,可參看。

軍有功,隋煬帝下詔褒之,有"宜升榮命,式弘賞典"之語,並"賜以良田、甲第,資物鉅萬"。虞弘漢名"弘"實與胡字"莫潘"同義,仍循拓跋燾、拓跋弘以來之例。

虞弘墓志之"莫潘 ≈ * maγapan",有兩點應注意:

(一)或問:墓志既云"莫潘"而不云"莫賀潘",豈得爲 * maγapan?答:如拓跋開字涉珪,"涉珪"即"什翼珪/什翼圭"之别譯。"涉珪"爲雅譯①。鮮卑語 * ǰïβǰïqui 渻譯爲"涉珪",詳譯爲"什翼珪",猶梵語 bodhisattva 渻譯爲"菩薩"②,詳譯爲"菩提薩埵"。《漢書》卷九六上《西域傳上》云:"罽賓國,王治循鮮城。"《魏書》卷一〇二《西域傳》云:"罽賓國,都善見城。"善見城即循鮮城,竊疑"循鮮"本當作"休鮮",緣西域"休循國"致誤。"休鮮"似譯自古伊朗語,接近 * hudarᵊsa-,相當於梵語 sudarśa-,華言善見③,漢譯渻略中間音節 darᵊ-。又,契丹大首領之號,《魏書》卷一〇〇作"莫弗",《北史》卷九四、《舊唐書》卷一九九下作"莫賀弗"(《隋書》卷八四兼作"莫弗""莫賀弗",* maγapūr?),知"莫弗"爲渻譯。丁零語、鮮卑語同有此號。今"莫潘"亦渻譯也④。

---

① 什翼珪之漢名"開"實取胡名 * ǰïβǰïqui 之語尾 -qui 爲之,與"珪(圭)"音近。拓跋燾次子拓跋翰,胡名烏弈肝,漢名"翰"即取胡名語尾 -γan,與"肝"音近。此係"截音法",異乎拓跋燾、拓跋晃、拓跋弘等之"名、字同義法"。

② 古譯曾作"扶薩",見南梁僧祐律師《出三藏記集》卷一《前後出經異記第五》。

③ 《舊唐書》卷一九八《西戎傳》、《新唐書》卷二二一上《西域傳上》作"修鮮城","修"自是改自"休",足證唐人所見《漢書》作"休鮮",不作"循鮮"也。唐人以梵語 sudarśana 爲準,故改爲"修鮮"。唐音"鮮"帶 -n 收聲,漢音則否。烈維、沙畹已知"修鮮"爲梵語渻譯(une transcription abrégée),見 Sylvain Lévi & Édouard Chavannes, "Voyages des pélerins bouddhistes: L'itinéraire d'Ou-K' ong (751 – 790)", *Journal Asiatique* (septembre-octobre 1895), p. 374。然唐人此處之用渻譯,實因承襲漢代古譯"休鮮"而稍施改訂之故也。

④ 予曾疑"莫潘"爲中古波斯語 mahraspand 之渻譯,"莫"對 mah,"潘"對 pand,中間略去 ras 一音節。該詞本爲火教經所言祆神所化之七仙總名,中古波斯語全名 amahraspand,阿韋私陀波斯語爲 aməšā-spəṇta,義爲廣弘饒益之長生仙人,堪與漢名"弘"義相應。唯末後音節 pand 多落實(轉下頁)

（二）“莫潘”反映 * maγ［a］pan，* -pan（讀若 phan 音）爲古伊朗語後綴 -van（-uuan）之阿爾泰化。《魏書》卷一〇三《高車傳》記丁零語（高車語）“略與匈奴同而時有小異”，又記拓跋開威振高車，幡豆建（高車之解批莫弗）“率其部三十餘落内附”。《北齊書》卷二七《破六韓常傳》記“破六韓”爲匈奴語“潘六奚”之鮮卑化。匈奴語、丁零語中有“潘/幡”音，* maγapan 之 -pan 當即此類阿爾泰化形式。《漢書》卷九六上載罽賓國出“璧流離”，似即匈奴化發音 * pälüriä①，非直接譯自印度（俗語 veluria/verulia，巴利語 veḷuriya）、波斯（帕提亞語 bylwr）語言也。

然則魚國人虞弘固有非純粟特族之可能②。此類現象，本無足異。如唐代“雜種胡”安禄山之名“禄山”，源於伊朗語光曜一詞（阿韋私陀波斯語 raoxšnā、粟特語 rwγšn），苟經阿爾泰化，必詞首增音爲 * arawγšan、* ɔrɔγšan 之類。安氏初名，兩《唐書》本傳作“軋犖山”，《通鑑》卷二一四作“阿犖山”，即阿爾泰化之形式。蓋安氏母爲突厥女巫阿史德氏，安氏復解“六蕃語”，結交奚、契丹、同羅諸部操阿爾泰語言之健兒，其名有伊朗音與發音阿爾泰化之雙重形式，誠屬自然。如斯拉夫語之 rus'，經突厥化、蒙古化而爲 orus（奥斯曼土耳其語作 urus），清代漢譯“俄羅斯”則依滿洲化之 oros。《舊唐

（接上頁）爲 pənd 音，“潘”似非其對音字。故 2010 年，予輯《歷史語文學論叢初編》（2012 年出版）時，不收此説。東瀛學界主張虞弘之“莫潘”與粟特語人名 māxfarn 相等。按粟特文 m'x［h］prn 相當於阿拉米文 mhyprn（Edward Lipiński, *Studies in Aramaic Inscriptions & Onomastics* ［Orientalia Lovaniensia Analecta 1］, I, Leuven/Louvain: Leuven University Press, 1975, pp. 174 - 8），出自古波斯語 māhi-farnah（華言月之威光，相對於 xvar-farnah，華言日之威光）。粟特該名顯與漢名“弘”義枘鑿不合。推崇其説者，既不能使粟特胡名 māxfarn 與漢文“弘”字同義，不覺曲爲之解，添許多絡索，勢所必至也。

① “離”字對音，比較佛經譯語“玻璃/玻瓈/頗黎/頗梨”* phalia（參看印度俗語 phaḍia、phaliha）。“璧”字對音，比較佛經譯語“辟支”* pacci/* pacce（參看印度俗語 paccea）。

② 參看卓鴻澤《歷史語文學論叢初編》，上海：上海古籍出版社，2012 年，第 119—120 頁。

書》卷二〇〇上《安禄山傳》云"突厥呼鬬戰爲軋犖山"①,推測鬬戰之詞爲* alawuqsan,實非突厥語,而爲某種古蒙古方言(契丹?),相當於蒙古語之 ilaγuγsan②,華言鬬戰勝者,白話譯云"戰勝了的"。波斯古經音 raoxšnā,阿爾泰化之發音爲* arawγšan③,音近* alawuqsan,致有鬬戰之説歟?

陸法和

史載沙門釋寶誌、荆山居士陸法和懸記侯景先後叛東、西魏(547 年)而亂梁(548—552 年),終於江東水戰中敗亡(552 年)。語帶"蠻音"之法和,且躬率荆湘土著("諸蠻")水兵,生擒景將任約於江陵,"斷侯景一臂"(551 年),往巴陵促王僧辯速取侯景,爲鑄定侯景敗局之關鍵人物。

侯景出身,實爲鮮卑貴種所奴役之賤族,所謂"侯景一介役夫,出自凡賤,身名淪蔽,無或可紀"(《魏書》卷九八《島夷蕭衍傳》慕容紹宗檄文)。景並乃祖之名,亦不自知,所謂"祖名乙羽周"者,竟出黨徒知識之言(《南史》卷八〇《賊臣傳》)。《梁書》卷五六《侯景傳》末,史臣稱侯景爲"羯賊"。此猶"凶賊"、"胡賊"之謂,如《晋書》卷八六《張軌傳》晋愍帝詔中稱屠各劉聰爲羯賊("羯賊劉載僭稱大號"),及《梁書》卷三七《何敬容傳》敬容謂學士吴孜曰:"昔晋代喪亂,頗由祖尚玄虚,胡賊殄覆中夏。今東宫復襲此,殆非人事,其將爲戎乎?"杜子美《詠懷古蹟》"羯胡事主終無賴"之句,在詩家固無礙,讀史者不宜死執,誤爲印歐種之羯人也。

陸法和爲南北朝軍事史上之異人。《北齊書・陸法和傳》云:

及侯景始降於梁,法和謂南郡朱元英曰:"貧道共檀越擊侯景

① 《新唐書》卷二二五上《逆臣傳上》:"禱子於軋犖山,虜所謂鬬戰神者。"所禱爲神,故加一"神"字,本諸姚汝能《安禄山事迹》卷上。

② 詞幹 ila-,巴爾虎布里雅特語作 yala-。

③ 比較梵語長生水 rasāyana,借入突厥語而作 arasan、arašan,蒙古語作 aras[iy]an、aršan。

去!”元英曰:“侯景爲國立功,師云擊之,何也?”法和曰:“正自如此。”及景渡江,法和時在青谿山,元英往問曰:“景今圍城,其事云何?”法和曰:“凡人取果,宜待熟時,不撩自落。檀越但待侯景熟,何勞問也?”

按《梁書·侯景傳》云:“侯景字萬景,朔方人,或云雁門人。”“萬景”似爲阿爾泰語系古語 * möyilkän,後綴 -kän 表示其小,比較瓦剌語野生女貞子 mōl①、吉爾吉斯語稠李 moyul②。以其爲小野果名,故法和有待果熟之喻。《隋書》卷二二《五行志上》謂“侯景小字狗子”,未詳所據。《陸法和傳》載法和善爲攻戰之具:

軍次白帝,謂人曰:“諸葛孔明可謂名將,吾自見之。此城旁有其埋弩箭鏃一斛許。”因插表令掘之,如其言。

以西藏舊密術語言之,孔明爲“伏藏師”,法和則“掘藏師”矣。同傳云:

[法和]無疾而告弟子死期,至時,燒香禮佛,坐繩牀而終。浴訖將斂,屍小,縮止三尺許。文宣(高歡次子高洋)令開棺,視之,空棺而已!

和公屍縮小,乃至化無,後世藏密大圓滿法所謂證“虹光身”(藏語 'ja' lus)者,已先見於此矣。觀此,知佛法本來一味,佛法即是佛法,焉有“印”“藏”“漢”之分耶?

同傳云:

法和始於[江陵]百里洲造壽王寺,既架佛殿,更截梁柱,曰:“後四十許年,佛法當遭雷電。此寺幽僻,可以免難。”及魏平荆州,宫室焚燼,總管欲發取壽王佛殿,嫌其材短,乃停。後周氏滅佛法,

---

① G. J. Ramstedt, *Kalmückisches Wörterbuch*, Helsinki: Suomalais-Ugrilainen Seura, 1935, S. 267: mōl “faulbeerbaum, faulbeeren”.

② К. К. Юдахин, *Киргизско-Русский словабь* (*Кыргызча-Орусча сөздук*), Москва: «Советская Энциклопедия», 1985, книга 2, с. 34: моюл “черёмуха”.

此寺隔在陳境,故不及難。

法和所建壽王(阿彌陀)佛寺,僻在陳境,得免於574—578年北周宇文邕滅法之難。其寺於6世紀末佛法之復興,必有作用。清乾隆時,蒙古烏珠穆沁(Üǰümüčin)旗工布查布(Gomboǰab)以藏文撰《中土正法弘傳要畧》,書中記南北朝佛教而遺落法和,殊可惜者。

姊姊

高洋(俟尼于)以李祖娥爲太原公夫人,北齊天保十年(559年)立爲"可賀敦(*qaγatun)皇后"。高洋同母弟高湛(步落稽)繼位,以北族報嫂之俗,强李后從之。李后有身,其子太原王高紹德"至閤,不得見,愠曰:'兒豈不知耶!姊姊腹大,故不見兒!'"後高湛殺紹德,李后入妙勝寺爲尼。事見《北齊書》卷九《文宣李后傳》。

北齊武平二年(571年),琅琊王高儼殺郡君陸令萱義子和士開,齊後主高緯使馮子琮召儼,儼辭曰:"尊兄若欲殺臣,不敢逃罪。若放臣,願遣姊姊來迎臣,臣即入見。"事見《北齊書》卷一二《文宣四王傳》。高儼所云"姊姊",指后主之"乾阿妳"(即乳母,見《北齊書》卷五〇《恩倖傳》)陸令萱也。

按:漢語"姊"本爲女兄之義,許慎《説文》記蜀人謂母曰"姐"(*tsiag),原非一詞。高齊皇室以"姊姊"爲生母、乳母之稱,乃鮮漢混合語言之表現。阿爾泰語系語言古有*äži一詞,或稱姊,或稱母,隨各部方言而有差别,蒙古、突厥語均保留之。托忒文(瓦剌語)ēǰi即昵稱母親之詞①,察合台文作äʒä,而喀什噶里(Maḥmūd al-Kāšγarī)記巴兒思罕(Barsγan)部族所操中期突厥語稱老婦爲äči②,

① А. Позднеевъ, *Калмыцко-Русский словарь*, С.-Петербургъ: Императорской Академий Наукъ, 1911, с. 20: ēǰi "маменька, матушка". G. J. Ramstedt, *Kalmückisches Wörterbuch*, S. 130: ēdžį "Mama, Mutter, famil. für ekᵊ, ākᴰ".

② Martti Räsänen, *Versuch eines etymologischen Wörterbuch der Türksprachen*, S. 35: äči "alte Frau"; äžä "Mutter".

哈薩克語呼祖母曰 äžä/äžäj①,皆同源也。

契丹噴嚏祝詞

噴嚏時旁人祝願禳解,各地民俗皆然。如蒙古人祝言: Burqan örüsiy-e! 波斯人祝言: Āfiyyat bāshad! 意大利人祝言: Salute! 德意志人祝言: Gesundtheit! 宋代王易《燕北録》(《説郛》58,4a 頁)記契丹人亦有此俗:

戎主、太后嚔噴時,但是近位番漢臣僚等並齊聲道:"治夔離!"漢語萬歲也。

明代張萱《疑耀》卷二"噴嚏"條引作"沿夔離"。愚謂作"沿"字爲允。"沿夔離"對譯 * ǰalquri,華言延壽,詞根同蒙古語 ǰalγa-"延長,延續"。滿語形容長壽爲 jalgari,與此同源。

唐代義净譯《根本説一切有部毗奈耶雜事》卷一〇,佛在室羅伐(Śrāvastī)城,制諸苾芻(bhikṣu)見他人啑(嚔)噴時,不必祝願"長壽":

有一長者心懷正信,共一無信婆羅門詣逝多林。時,有信長者忽然啑噴,諸苾芻不言"長壽"。其不信者願言:"長壽!"告云:"仁今乃於怨家之内生敬信心!此逝多林常有五百青衣藥叉,由我願言,令汝長壽。若不爾者,定被藥叉吸爾精氣。不應久住,宜可早出!"

觀婆羅門(brāhman)之説,可知古印度民俗以爲逝多林(Jetavana)内之藥叉(yakṣa)乘人噴嚔時吸人精氣,故旁人爲嚔者咒願"長壽",代爲禳厭。契丹主、契丹太后噴嚔時,近侍臣僚即爲咒願,蓋亦懼肉眼所不見之"非人"(amānuṣa)吸奪其精氣耳。

---

① Калдыбай Бектаев, *Қазақша-Орысша Сөздік*, Алматы: Қазақстан жобасы мемлекеттік тіл даму, 1995, с. 73: әже, әжей "бабушка".

清帝深心

印度學者 Lokesh Chandra 博士影刊《梵、漢、蕃、蒙、滿多語種佛典》第 3 卷,列爲《百藏彙刊》第 248 卷①。該卷第 1120 頁上方第 1 幀照片,内容爲滿文十四行,是其父 Raghu Vira 博士考察團蒐集品之一。兹以拉丁字母轉寫如次:

šidzu hūwangdi bisire fonde, *gin g'ang ging* be emu tanggū jakūn araki seme ijishūn dasan-i juwan nadaci aniya deribufi goidahakū abka de wesire jakade, šanggahakū bihe. nenehe hūwangdi deribuhe be dahame, giyan-i sirame šanggabuci acame ofi tuttu weilere urse de afabufi gingguleme arabume, elhe taifin-i sucungga aniya juwe biyai tofohon-i sain inenggi šanggaha.

漢譯爲:

世祖皇帝在時,欲寫《金剛經》百八部,順治十七年已起筆,未幾賓天,故未及竣。先皇發端於前,理應續成於後,故交辦事人等恭楷繕寫,康熙元年二月十五吉日蕆事。

此爲清聖祖 1662 年 4 月之跋語,時帝方八歲也。清文 *gin g'ang ging* 即漢文"金剛經"之音譯。清世祖禮玉琳琇爲師,法號行癡,"癡"字乃其自擇,鐫有"癡道人"璽章。超琦彙《大覺普濟玉琳國師語録》卷一一有《復尹舜友文學》書,中云:

當觀"一切有爲法,如夢幻泡影","如露","如電"。《金剛般若》幸成誦躬行。十二時中欲無異念,須向未有幻化身世以前,看是何等境界。此處看透,"懸崖撒手,自肯承當,絶後再甦,欺君不得",

---

① *Multi-lingual Buddhist Texts: in Sanskrit, Chinese, Tibetan, Mongolian, and Manchu*, Vol. 3 (Śata-piṭaka Series: Indo-Asian Literatures, 248), reproduced by Lokesh Chandra from the collection of Raghu Vira, New Delhi: Mrs. Sharada Rani, 1980.

方是吾人真身真心，所謂“本來真面目”也。父母所生百年有限幻化危脆之身，對境而生瞬息不停虛妄之心，自好者尚不肯輕視，天下古今虛妄之事，尚耻不知，况自己真心真身、本分最要緊一大事，反不識不知，不急切叅究，豈高明所宜乎？有此正志，如是真參，恐要起雜念，亦無雜念可起。若非立志真參，要無雜念，雜念愈多，直饒一念不生，如石壓草，觸境瞥起，有𤓰即萌，所謂“念未生時猶是妄，瞥生一念便傷他”。修行到此，切須記“枯木巖前錯路多”。

清帝所誦所書之《金剛經》係鳩摩羅什大師之漢譯《金剛般若波羅蜜經》，清世宗爲和碩雍親王時所書者亦爲什譯本。清高宗滿漢合璧《御製重譯金剛經序/*Han-i araha dasame ubaliyambuha wacir-i lashalara nomun-i šutucin*》中自稱取西藏舊本（wargi dzang-ni fe debtelin）與漢譯諸本詳校，從章嘉胡圖克圖（Janggiya hūtuktu）“字商句榷”（gisun be kimcime hergen be yargiyalame），譯爲“國書”（manju hergen）。滿文御製序稱鳩摩羅什譯本爲 gu ma ra širii-i ubaliyambuha debtelin①。滿文 gu ma ra širii 乃藏文 ku mā ra shrī 之轉寫。藏文著述將“鳩摩羅什”轉寫爲 ku mā ra shrī，凡讀蒙古工布查布《中土正法弘傳要略：明慧普喜耳飾》（*Rgya nag gi yul du dam pa'i chos dar tshul gtso bor bshad pa blo gsal kun tu dga' ba'i rna rgyan*）者皆知之。清代藏文以 shrī 轉寫漢文“什”，亦如元明時期藏文轉寫漢文“師”爲 shrī（如 gushrī“國師”）之例。若按魏晋舊音，“什”字實爲西胡方言 *jīβ 之對音，梵語對音爲“耆婆”（jīva）。什師梵名固爲鳩（一作究）摩羅耆婆（Kumārajīva），未可據清代藏文之權宜轉寫而錯誤“還原”爲 Kumāraśrī 也。

清朝自世祖以來亦弘《太上感應篇》。《御注太上感應篇》（《故宫珍本叢刊》524，海口：海南出版社，2001 年）開篇作“福禍無門，惟

① *Multi-lingual Buddhist Texts: in Sanskrit, Chinese, Tibetan, Mongolian, and Manchu*, Vol. 2（Śata-piṭaka Series：Indo-Asian Literatures, 245）, reproduced by Lokesh Chandra from the collection of Raghu Vira, New Delhi：Mrs. Sharada Rani, 1979, F. 727 – 728.

人自召，善惡之報，如影隨形”，與通行坊本《太上感應篇》之作“禍福無門”云云者稍别。許纘曾《太上感應篇圖説》(1657)所附内三院滿文譯本作 hūturi jobolon de duka akū, damu niyalma beye baimbi, sain ehe de karularangge, helmen arbun be dahara adali, 顯據清世祖注本譯出，故同作“福(hūturi)禍(jobolon)”，不作“禍福”。清世祖滿名 Fulin(“生成，秉受”之義)，漢文轉寫作“福臨”(參看“福陵阿” Fulingga，義爲“有天命的，有福的”)。蓋不欲以“禍”字冠於御諱之上，故易其語序耳。

清世祖以明信因果、行善止惡爲教化之基。《御製勸善要言》(1655 年)有傅以漸《後序》云“大不肖者(ambula dursuki akū urse)見人之善，嫉忌而傾陷之(niyalmai sain be saha de, gucihiyereme silhidame ashūme tuhebumbi)；見人之惡，迎合而諂附之(niyalmai ehe be saha de, kuturceme acabume haldabašame dayambi)”，“教化不行，廉耻道廢(tacihiyan wen yaburakū ofi, hanja girutu-i doro efujehebi)，皇帝備悉民隱，亟欲正其心而正其行(hūwangdi irgen-i somishūn babe akūmbume safi, ebšeme terei mujilen be tob obufi, yabun be tob obuki seme)”。又，《繙譯醒世要言》附同治六年二月初六日(1867 年 3 月 11 日)鑲白旗蒙古副都統(kubuhe šanyan-i monggo gūsai meiren-i janggin)孟保(Mengboo)奏摺云：“我朝定制，滿文與漢文並行，而立教有方，學術與心術兼重(musei gurun-i toktobuha kooli de, manju bithe nikan bithe be yooni yabubumbime, tacihiyan ilibure de jurgan bi, tacin-i doro mujilen-i doro be sasa ujen obuhabi)。”皆謂此也。

近百許年，各國教育求用而忽體，徒講學術，而心術大壞。許纘曾序《太上感應篇圖説》早云：“或少年氣盛，目空一世，未肯虚心體察；或世法日深，宿根漸薄，則有見此書而歎其迂者矣！夫著是篇者，非生而迂者也，歷遍天下升沉反覆、榮枯得喪，與夫可喜可欲、可憂可樂、可驚可懼之事，静觀參悟數十年，而後能習成此迂也。”重讀許氏之言，回顧二百年來人世之劫運，可勝歎哉！

乾隆時據鳩摩羅什大師所譯《佛説阿彌陀經》製爲滿漢合璧本，嘗流通於旗人世家。是經説大因大果、因果同時之妙義，而合璧本最可矚目之特點，在“一心不亂”一節經文：

【漢】若有善男子、善女人聞説阿彌陀佛，執持名號，若一日，若二日，若三日，若四日，若五日，若六日，若七日，一心不亂專持名號，以稱名故，諸罪消滅，即是多善根福德因緣。

【滿】abida fucihi be donjifi，ere gebu be emu inenggi juwe inenggi ilan inenggi duin inenggi sunja inenggi ninggun inenggi nadan inenggi otolo alifi tuwakiyame emu mujilen farfaburakū，hing seme fucihi-i gebu colo be jondome hūlame，ere fucihi-i gebu be jondome hūlara turgunde，eiten sui weile gemu mayame mukiyefi，uthai ambula sain fulehe hūturi erdemu-i nikenjere holbohon bahambi.①

此較通行本多出“專持名號，以稱名故，諸罪消滅，即是多善根福德因緣”二十一字。按北宋元照律師述《阿彌陀經義疏》（世稱《靈芝疏》）曰：

若依此經執持名號決定往生，即知稱名是多善根多福德也。昔作此解，人尚遲疑。近得襄陽石碑經本，文理冥符，始懷深信。彼云：“善男子、善女人聞説阿彌陀佛，一心不亂專持名號，以稱名故，諸罪消滅，即是多功德多善根多福德因緣。”彼石經本，梁陳人書，至今六百餘載。竊疑今本相傳訛脱。

元照師所云“稱名是多善根多福德”即明末靈峰蕅益大師《阿彌陀經要解》“今全由信願持名，故信、願、行三，聲聲圓具，所以名多善根福德因緣”之義也。元照師引南朝石經本文字爲證：

一心不亂專持名號，以稱名故，諸罪消滅，即是多功德多善根多

① *Multi-lingual Buddhist texts in Sanskrit，Chinese，Tibetan，Mongolian and Manchu* Vol. 2（Śata-piṭaka Series：Indo-Asian Literatures，245），New Delhi：Mrs. Sharada Rani，1980，F. 802 - 3.

福德因緣。

明永樂時蘧庵大佑師《阿彌陀經略解》引《靈芝疏》載襄陽石本則作：

一心不亂專持名號，以稱名故，諸罪銷滅，即是多善根福德因緣。

天啓時幽溪傳燈大師《阿彌陀經略解圓中鈔》曰："解中既云'今傳訛脱'，凡讀習者，應依古本而增正之。"觀此，可知滿漢合璧本係據《圓中鈔》而增補"一心不亂"下之二十一字也。斯二十一字，雲棲蓮池大師《阿彌陀經疏鈔》卷三雖疑爲注文，而亦主張應"言外補入"其精義。萬曆時交光真鑑大師述《大佛頂首楞嚴正脉疏》卷三十云："生佛界之由，以多福德因緣方生。"又云："《彌陀經》謂念佛即是多福，當由惠錫。""由前佛錫功德，故得常共佛生也。"以稱名即同持咒，爲諸佛之所攝護故，諸佛惠賜功德即是攝諸佛功德爲自功德故，即是自、佛不二故。知交光大師亦取襄陽石經本也。

滿漢合璧本云：

【漢】聞説阿彌陀佛，執持名號，……一心不亂專持名號……

【滿】abida fucihi be donjifi, ere gebu be［……］alifi tuwakiyame emu mujilen farfaburakū, hing seme fucihi-i gebu colo be jondome hūlame［……］（譯意："聽聞了阿彌陀佛［的名兒］，把這个名兒……承受了守護着，一心不雜亂、專誠懇切地把佛的名號常提起着、稱誦着……"）

此句不僅對應唐玄奘大師譯《稱贊净土佛攝受經》之"聞已思惟，……繫念不亂"，亦且恰符唐代印度檀那尸羅（Dānaśīla）共吐蕃慧軍（Ye shes sde）藏譯《極樂莊嚴經》（*Bde ba can gyi bkod pa'i mdo*）之 thos nas kyang yid la byed cing［……］g・yeng ba med pa'i sems kyis yid la byed na（譯意："聞已作意，……以不散亂之心作意"，對譯梵文：śroṣyati śrutvā ca manasikariṣyati［……］vavikṣipta-

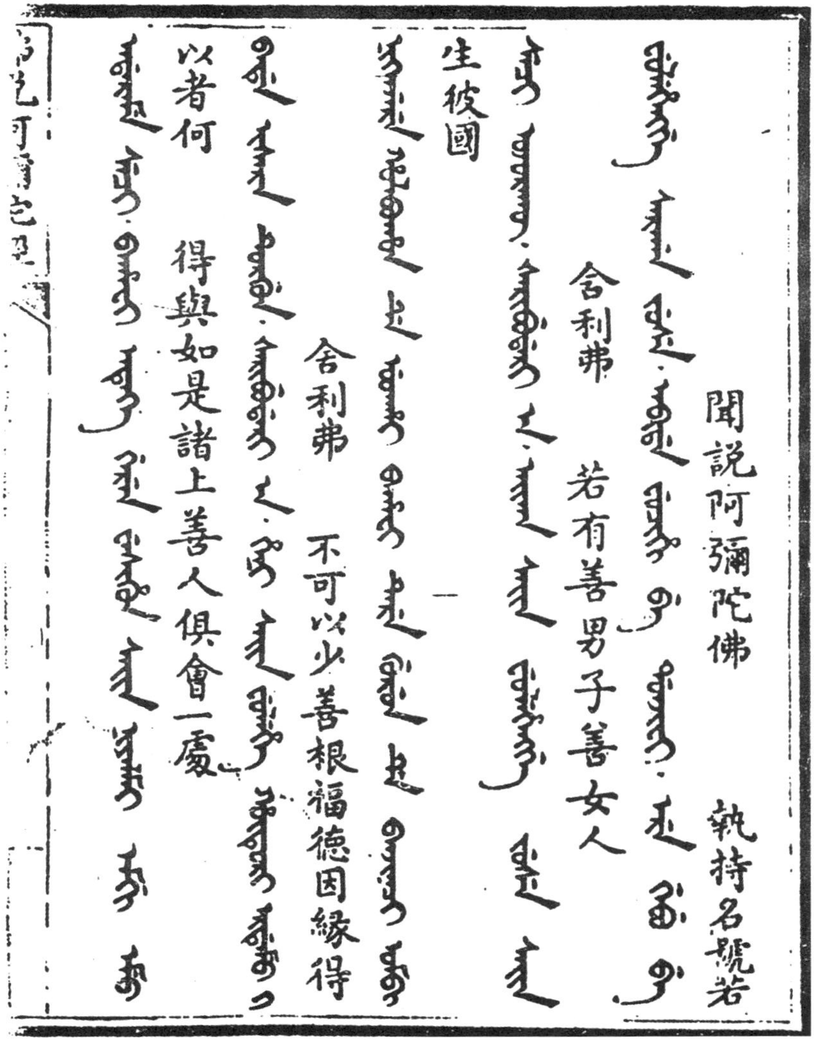
聞説阿彌陀佛執持名號若
舍利弗若有善男子善女人
生彼國
舍利弗不可以少善根福德因緣得
以者何得與如是諸上善人俱會一處

書影 1　滿漢合璧本《佛説阿彌陀經》(*Fucihi-i nomulaha abida nomun*)局部一

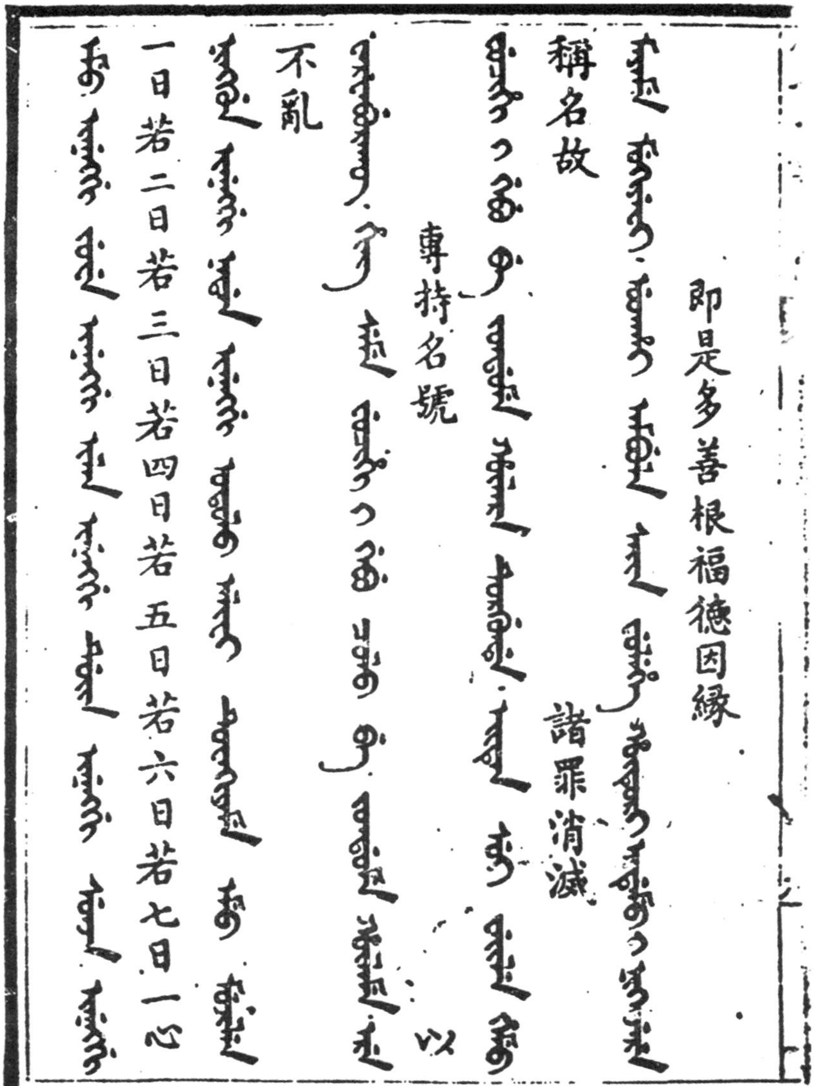

書影 2　滿漢合璧本《佛説阿彌陀經》(***Fucihi-i nomulaha abida nomun***)局部二

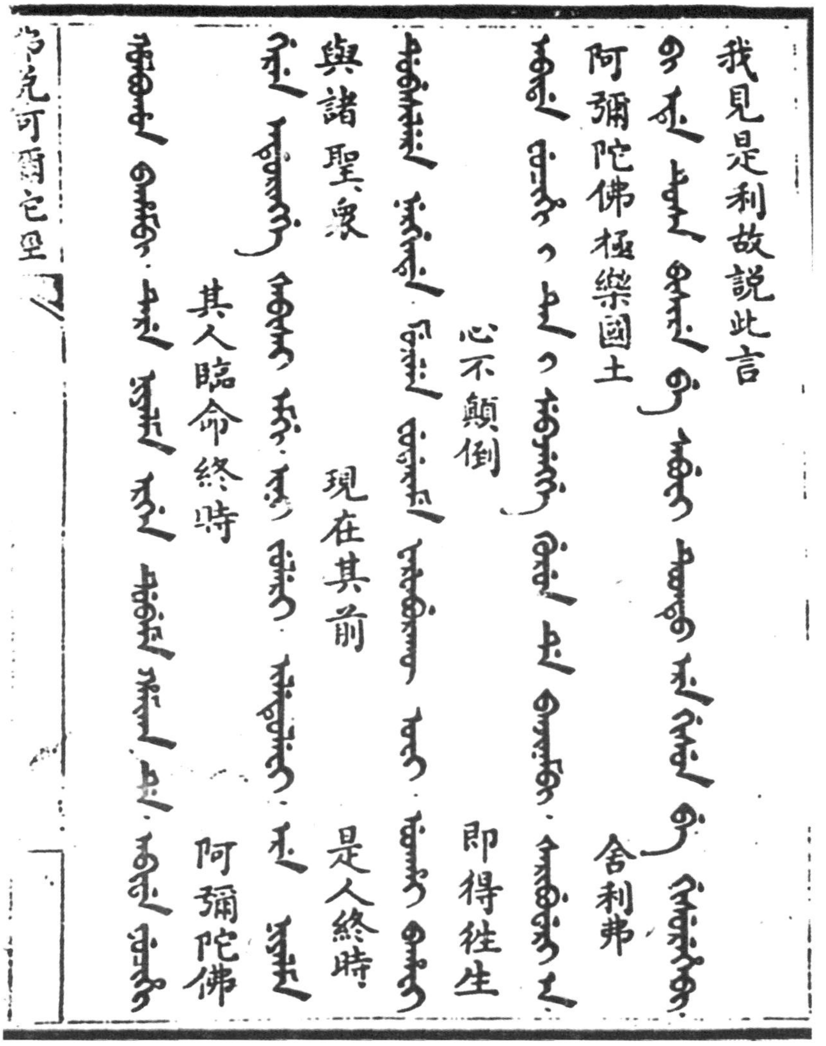

書影 3　滿漢合璧本《佛說阿彌陀經》(*Fucihi-i nomulaha abida nomun*)局部三

citto manasikariṣyati）也①。足見清帝命人製作滿漢合璧本前，曾悉心對勘藏譯本，而滿洲譯文允稱明晰，亦自有不可磨滅之價值在。清帝此等用心，史家所弗述，特表出之。

阿其那

清世宗將八阿哥允禩、九阿哥允禟圈禁（horiha）於宗人府（dzung žin fu yamun），令易名阿其那（Akina）、塞思黑（Seshe），不過表示黜諸宗牒之外而已。或因“阿其那”一詞不見於滿文辭書，而疑其有甚非常隱秘之寓意。然滿洲人名不見於辭書者，如“堆巴那”（Duibana）、“古英”（Guyeng）、“桂那”（Guina）、“勒德里”（Lederi）、“勒席恒”（Lesihen）、“汪伊那”（Wanggina）、“汪薩那”（Wangsana）之類，固不勝枚舉，曷止一“阿其那”也。

滿語 seshe“煩！”（動詞 seshembi“厭煩”）②指言行教人心煩、噁心之輩，其蒙古語對應詞爲 sibsig③。然蒙古語 sibsiγur 並指奸猾之人，科瓦列夫斯基《蒙俄法詞典》附藏文同義詞 g · yo can（奸詐之

---

① 此如後漢月支三藏支婁迦讖譯《佛説般舟三昧經·行品》但云“一心念之”“專念故得往生”，而隋天竺三藏闍那崛多譯《大方等大集經賢護分·思惟品》則云“能繫心相續思惟，次第不亂”“常當繫心正念相續阿彌陀佛，便得生也”。“般舟”爲胡語 pratyut[paṃ]（梵語 pratyutpanna，現前在）之對音，藏譯 mngon sum du bzhugs pa（現前住）。晚清不敗（Mi pham）尊者妙音尊勝海（' Jam dbyangs rnam rgyal rgya mtsho）大師名著《能仁修軌加持寶藏之殿法——白蓮華》（*Thub chog byin rlabs gter mdzod kyi rgyab chos padma dkar po*）中所引《今佛現住等持經》（*Da ltar gyi sangs rgyas mngon sum du bzhugs pa' i ting nge ' dzin gyi mdo*）即藏譯《般舟三昧經》也，見不丹帕羅印行之大師增廣全集（*The Expanded Redactions of the Complete Works of ' Jam mgon ' Ju Mi pham*），Paro：Lama Ngodrup & Sherab Drimey，1984 – 1993，V. 15，f. 956。

② 詞型可比較 eimede“討人嫌！討厭的家伙！”（動詞 eimedembi“嫌厭”）。

③ Cf. Isaac Jacob Schmidt, *Mongolisch-Deutsch-Russisches Wörterbuch*（*Монгольско-немецко-россiйскiй словарь*），St. Petersburg：Kaiserlichen Akademie der Wissenschaften（Императорской Академiи Наукъ）/Leipzig：Leopold Voss，1835，S. 355：sibsig “Zoten，schlechteschmutzige Worte und Handlungen；ein schmutziger gemeiner Mensch，пахабство，пахабны речи и поступки；низкiй пахабный человекъ”.

徒),俄文釋義爲“狡猾”,法文釋義爲“詭譎”①。雍正四年詔諭滿文本云:“butemji haksan koimali argangga akina serengge, yargiyan-i dahala weilengge niyalma seshe-i ehe inu erei emu adali(漢譯爲:陰險詭譎之所謂阿其那者,實帶頭之罪人,而塞思黑之惡亦同之)”漢文本云:“阿其那陰險詭譎,實爲罪魁,塞思黑之惡亦與相等。”②清世宗《大義覺迷録》卷四云:“阿其那之陰險詭譎,實爲罪魁,塞思黑之狡詐奸頑,亦與相等。”可見“狡詐奸頑”或“詭譎”(koimali argangga)即世宗予允禟“塞思黑”之考語③,則 seshe 當有類似蒙古語 sibsiγur 之義④,爲詞典失收也。

滿語 akina 之詞幹 aki 爲 kaki 之異讀⑤。滿語 kaki 有“殘忍”“惡毒”等義⑥。雍正上諭謂阿其那“以伊毒忍之心度朕,亦不信朕實有寬宥之心,所以故爲種種桀傲狂肆之行以激朕之怒,但欲朕將

---

① Joseph Étienne Kowalewski, *Dictionnaire Mongol-Russe-Français* (*Монгольско-русско-французскій словарь*), p. 1479: sibsiγur “обманчивый, хитрый, лукавый, trompeur, rusé, astucieux”.

② 《雍正朝漢文諭旨彙編》,桂林:廣西師範大學出版社,1999 年,第 1 卷,第 379、383 頁。

③ 《八旗滿洲鈕祜禄氏通譜》(*Jakūn gūsai manju niohuru halai jalan be ejere uheri dangse*)録有人名夔滿(Koiman)、鐀馬立(Koimali/Koimalai),亦爲“奸狡”之義,見 Hoong Teik Toh, *Materials for a Genealogy of the Niohuru Clan*(Aetas Manjurica 10), Wiesbaden: Harrassowitz Verlag, 2005, pp. 75, 96。疑此名爲大人對伶俐小兒之愛稱,一如“頞默德”(eimede“討人嫌”)之例。《石頭記》第二十七回鳳姐聞小紅本名紅玉,“將眉一皺,把頭一回”,乃云:“討人嫌的很! 得了玉的益似的,你也玉,我也玉。”鳳姐口中之“討人嫌”亦非真詈人語,不可呆看。

④ 科瓦列夫斯基釋 sibsig 有“безстыдный/impudent(無耻的)”“безсовестный/peu consciencieux(喪天良的)”等義,Kowalewski, *Dictionnaire Mongol-Russe-Français*, p. 1480,從兹引申出 sibsiγur 之“奸詐”義。

⑤ 比較訥吉達(Negidal)語表示“剪開、割開”之動詞 aki,一作 kaki, В. И. Цинциус и др., *Сравнительный тунгусо-маньчжурских языков*, Ленинград: Издательство «Наука», 1975, Том 1, с. 25.

⑥ Иван И. Захаров, *Полный маньчжурско-русскій словарь* (*Manju Oros gisun-i yongkiyame isabuha bithe*), С.-Петербургъ: Типографія Императорской Академій Наукъ, 1875, с. 253:“жестокій, злой”.

伊即置于法,使天下不明大義之人或生議論,致朕之聲名或有損于萬一(ini oshon kiriba banin be jafafi, mimbe tulbime mini yargiyan-i imbe oncodome guwebure gūnin bisire be inu akdarakū ofi, tuttu hacin hacin-i etuhušeme dabašame, gūnin-i cihai balai yabume, mini jili be nukcibufi, damu imbe uthai fafun-i gamafi, abkai fejergi amba jurgan be sarkū urse be jabšande gisun banjibufi mini gebu algin be tumen ubu de emu ubu efujere de isibufi)(略)。"[①]世宗予允禩阿其那之考語爲"毒忍"(oshon kiriba)、"陰險"(butemji haksan),與 kaki 之義相合。比照"阿濟那"(Ajina)、"穆魯那"(Muruna)、"明阿那"(Minggana)等例,知後綴-na/-ne 具有一種物名化或人名化之作用[②]。

清世宗所謂"不明大義之人"多同情阿其那、塞思黑,是以《大義覺迷録》卷四世宗自記垂涕諭朝臣曰:"朕原欲爲十全之令主,以報答我君父之恩。今有二人之事(按:指允禩、允禟之死),便黽勉十分之善,亦減去其半矣。此朕所遭之不幸,豈非朕父子前因夙劫之冤孽耶!"

《石頭記》清語

滿洲語乃大清之國語,清代稱爲"清語"。乾隆朝小説《石頭記》

---

① 《雍正朝漢文諭旨彙編》第 1 卷,第 379、384 頁。

② 滿語"倭和"(wehe),義爲石頭,加此後綴而爲人名"倭和納"(Wehene)。"伯都"(bedu)爲虎,加此後綴,用爲地名"伯都納"(Bedune,今吉林省扶餘市)。又,札克丹《清語適趣録》之《Tolgirelame orire uculen/夢囈詞》以 kulu"健"加此後綴而爲 kuluna"駿馬",見卓鴻澤《歷史語文學論叢初編》,上海:上海古籍出版社,2012 年,第 361 頁,注 3。《滿洲鈕祜禄氏通譜》録有人名鄂米納喀啓(Omina Kaki),見 Toh, *Materials for a Genealogy of the Niohuru Clan*, p. 83。此 omina 恐不應釋爲"去喝!",而 kaki 非取"酒烈刺鼻"一義。"鄂米納"當是"鄂敏"(omin,"飢餓")附加名稱化後綴,而 kaki 固有"急躁"一義。嬰兒啼飢,急欲就乳,嬤嬤暱稱之以此名耳。在八阿哥之立塲,更名 akina 亦有激怒四阿哥之意,故有"拘禁之後,我每飯加餐,若全屍以歿,我心斷斷不肯(mimbe horiha ci ebsi, bi erindari buda nonggime jembi, aikabade mini beyebe muyahūn obume bucebuci mini gūnin de ainaha seme ojorakū)"(《雍正朝漢文諭旨彙編》第 1 卷,第 379、385 頁)之語。

中頗有清語之痕迹。

一種爲譯音。如第四十九回寶玉“罩一件海龍皮小小鷹膀褂”，“海龍”指水獺，蒙古語 qaliγun，滿洲語 hailun ~ haihūn，“海龍”即 hailun 對音。第十六回趙嬷嬷道：“阿彌陀佛！原來如此！這樣説，偺們家也要預備接偺們大小姐了？”《脂硯齋重評石頭記》庚辰本有硃批云：“文忠公之嬷。”按清語稱老婆子爲 mama，稱奶媽爲 meme。文忠公即傅恒（Fuhen），清高宗孝賢皇后富察（Fuca）氏之弟也。

一種雖未以清語道出，而實隱含清語。如第三十回鳳姐兒説：“倒像黄鷹抓住了鷂子的脚，——兩個都扣了環了。”按鷹抓住（鷹爪環鈎住）獵物表皮，滿洲語動詞爲 tabumbi；扣環，滿洲語名詞爲 tabukū。詞根同爲 tabu-。最初造作此歇後語之人必諳清語土話。

一種則已融入京話，致人多習焉不察者。第五十四回寶玉道“没有吃冷酒”，鳳姐兒笑道：“我知道没有，不過白囑咐你。”按“白”爲清語 bai，“白囑咐你”猶云“隨便囑咐你”。第二十八回寶釵語黛玉：“我告訴你個笑話兒，才剛爲那個藥，我説了個不知道，寶兄弟心裏不受用了。”人莫不知“才剛”即“剛才”，而罕知其爲清語副詞 jakan（< 助動詞 jaka）之巧爲易容耳。此亦如元人筆下之“一覓的”本爲元代蒙古語 imaγta（義爲老是、一直）之對音，而訛爲“一迷地”“一迷裡”“一味地”等等，幾幾乎無人知其來歷矣。

一種爲清式漢話，人亦多不覺。第三十四回寶釵回頭笑道：“有什麽謝處！”此清語 ai baniha bure babi 轉爲漢話耳。第五十二回平兒語麝月：“等襲人回來，你們商議着，變個法子打發出去就完了。”按“……就完了”即清語“… -ci wajiha”句式之翻版。或有不信予説，則不妨細按無明氏抄本《清語水滸傳》（*manju gisun-i šui hū juwan-i bithe*）第四回（duici fiyelen）清漢對照草稿，再比較明本《水滸傳》原語（見下表），便直下了然矣。

《水滸傳》第四回原文	《清語水滸傳》第四回繙譯藁本（哈佛燕京圖書館藏本）
老兒道："提轄恩念，殺身難報，量些粗食薄味，何足掛齒！"	老人説："提轄之恩，殺身尚不能報（-i baili de, beyebe waha seme -bade），一點粗東西薄味，有何提處（sar sere - - nitan amtan be, ai jondoro babi）！"
智深道："胡亂賣些與洒家吃，俺須不説是你家便了。"	智深説："不論怎麽着，略給我點哈（喝），我不説是你家的就完了（- - ainame, minde majige omibu, bi sini booingge serakūci wajiha）。"
智深道："太公，緣何模樣不甚喜歡？莫不怪洒家來攪擾你麽？明日洒家算還你房錢便了。"	智深説："太公的氣色（- -ni cira）爲何不大喜歡（asuru urgun akū）？不舒服我之糟擾広（mini jobobuha de icakūn）？明日我給你房租完了（bi booi turigen sinde buci wajiha）。"

一種雖非清語，然不知清代滿人發音，則每爲所惑。第二十回黛玉笑湘雲："偏是咬舌子愛説話，連個'二'哥哥也叫不出來，只是'愛'哥哥'愛'哥哥的。回來趕圍棋兒，又該你鬧幺'愛'三四五了。"按驚嘆詞"噯喲喲"，清文拼寫作 eyoyo①。"幺'愛'三"之"愛"，音同此"噯"，清文拼作 e（音 ə）；"幺二三"之"二"，清文拼作 el（音 əl），如"二哥"爲 elge，"二丫頭"爲 elyatu②。湘雲無法發捲舌之 el 音，所發者爲 e 音，故黛玉以"咬舌子"嗤之。同回結末云：

湘雲笑道："這一輩子我自然比不上你。我只保佑着明兒得一

① 例如札克丹《Agara nerginde ališara be tookabure leyecun/雨中釋悶謡》中有"eyoyo ajaja"對偶句。《雨中釋悶謡》收録於《閒中佳趣》附卷《清語適趣録》。《閒中佳趣》抄本現藏北美哈佛燕京圖書館。

② 乾隆十二年（1747 年）所修《八旗滿洲鈕祜禄氏通譜》第十房有二雅圖（Elyatu），是色黑（Sehei）之長子，見 H. T. Toh, *Materials for a Genealogy of the Niohuru Clan*, p. 95。此名本是"二丫頭"，特轉寫作"二雅圖"耳（如人名 Elge 轉寫爲"二格"而不作"二哥"之例）。《石頭記》第七十八回賈母對王夫人評寶玉，"從未見過這樣的孩子"，"只他這種和丫頭們好卻是難懂"，"想必原是個丫頭錯投了胎不成"。二雅圖幼時，或因家長溺愛，戲稱爲女孩兒，色黑亦未爲之别取雅名，竟以 Elyatu 之名入滿洲"家譜"（jalan be ejere dangse"紀録世代之檔子"）矣。

個咬舌的林姐夫，時時刻刻你可聽‘愛’‘厄’去。阿彌陀佛！那才現在我眼裏！”説的衆人一笑，湘雲忙回身跑了。

湘雲所謂“聽‘愛’‘厄’去”，是將[ə]誇張爲［ɯ］，以回戲黛玉耳。

尤有趣者，乃小説作者有意逗露主人公之滿人身份，如第十八回寶玉呈詩，賈妃看道：

有鳳來儀　臣寶玉謹題

按“臣寶玉謹題”繙清即 amban boo · ioi-i gingguleme irgeburengge。其 Boo · ioi（寶玉）與清代滿名 Ioiboo（玉保）[①]、Ingboo（英保/瑛寶）、Boolin（保琳/寶琳）、Boo · ing/Booyeng（寶瑛）、Booju（寶珠/保住）、Bookui（寶魁）、Bootai（保泰）等同式，即特筆點出並無姓賈（假）姓甄（真）之事。又當知賈妃即假妃，滿人謂姓爲 hala，謂假爲 holo，元音稍別，通滿語者心知其意，聊爲游戲耳。此盛清時稍諳滿洲掌故之人一看便知者，咸同以還，識者稀矣。蔣瑞藻《小説考證拾遺》引趙惠夫《能静居筆記》云：

謁宋于庭丈（翔鳳）於葑溪精舍。于翁言：曹雪芹《紅樓夢》，高廟末年，和珅（Hešen）以呈上，然不知所指。高廟閲而然之，曰：“此蓋爲明珠（Mingju）家作也。”後遂以此書爲珠遺事。[②]

然媧石、神瑛一篇荒唐言，實從明遺民包燮《雲石會》傳奇（北京圖書

① 清文以 ioi 對應北京官話之 ü 音。章嘉（Lcang skya Rol pa'i rdo rje，1717—1786）大國師撰藏文《聖域清凉山寺志：能令信蓮開敷之稀有日光》（*Zhing mchog ri bo dwangs bsil gyi gnas bshad dad pa'i pad mo rgyas byed ngo mtshar nyi ma'i snang ba*），每將漢文“玉”轉寫爲 yu'i（例如 yu'i chwan“玉泉”、yu'i hwa ṭhi“玉華池”），即受清文對音之影響，見 Dge 'dun chos 'phel sogs kyis brtsams（更登群培等著），*Gnas yig phyogs bsgrigs*（《聖地指南彙編》），成都：Si khron mi rigs dpe skrun khang（四川民族出版社），1998年，第 406、412 頁。是輩章嘉刺麻爲清世宗證明恩師上輩章嘉刺麻（Lcang skya Ngag dbang blo bzang chos ldan，1642－1714）之“呼畢勒罕”（蒙古語 qubilɣan，轉世），自少與皇四子（清高宗）同讀四種文字，故通清文也。

② 江竹虚標校《小説考證》下册，上海：上海古籍出版社，1984 年，第 708 頁。人名之滿洲文形式爲引者所加。

館藏康熙刻本）叙織女支機石與杜言因石證悟事脱化而出。寶玉者，王夫人不過視其爲賈珠之替身，史太君諸人亦皆錯以“寶玉”幻相爲“命根子”所在，闈閣中觸處不能平等，迷昧甚矣。第二十二回雖云“悟禪機”，而未悟自性石頭，寶釵彼時引神秀與六祖偈爲比，並留“這句機鋒尚未完全了結”一語。須待末後無常驟至，勘破骷髏，遠離情垢，方得撒手懸崖，開悟主人公面目（《法華》喻爲“明珠”者①），終於出此大夢也。清高宗獲見原本②，所以“閲而然之”，謂爲明珠家事者，意在斯乎？

---

① 西晋月氏三藏竺法護譯《正法華經》卷五《授五百弟子決品第八》：“譬如士夫入慈室藏，以明月珠置于結中，醉酒卧寐，不自惟省，寤忘明珠，不知所在。起之他國，無有資用，饑乏求食，計窮無獲，……馳還求索，尋即往見慈室長者。慈室長者而謂之曰：‘卿何以故而自勞煩，行求飯食，思想不息？……今珠在體，豈不省耶？……’”

② 乾隆時侍講學士、嘉道時協辦大學士吴璥（1778 年進士，《清史稿》卷一四七有傳）亦藏有《石頭記》舊鈔本，道光時陳其泰評點《紅樓夢》第三十一回，言其先祖陳石麟（1783 年舉人）得閲吴家鈔本，一百回後有寶玉、湘雲除夕唱和詩一百韵，“俯仰盛衰，流連今昔，其詩極佳”，見清陳其泰評、劉操南輯《桐花鳳閣評〈紅樓夢〉輯録》，天津：天津人民出版社，1981 年，第 125 頁：“除夕唱和詩，即步凹晶舘中秋聯句詩十三元韵。先祖在都門時，見吴菘圃相國家鈔本，曾記其詩中佳句十數聯，時時誦之，惜余方在稚齒，不能記憶也。”

附録一
《歷史語文學論叢初編》補

32 頁　太子河

"太子"二字,明季女真人尚讀若 taiji。清以後,滿洲人多讀"子"若 se,遂以 tasəhə 當"太子河"矣。

42、158 頁　元明之際回教徒之多元身份

陳援庵《元西域人華化考》卷三《佛老篇》之一〈西域詞人之佛老〉録王逢《梧溪集》卷五《儉德堂懷寄》八,考證剌馬當(字文郁)入全真教一事。援庵先生云:"剌馬云者,未識是喇嘛教之喇嘛否乎?若然,以喇嘛而入道,尤奇中之奇者矣!"見陳垣《勵耘書屋叢刻》上册,北京師範大學出版社,1982 年,92—93 頁。按"剌馬當",阿拉伯(亞剌伯)語 ramaḍān 之對音,與藏語上師"喇嘛"(bla ma)無涉。文郁當係"剌馬當"齋月内出生(波斯語謂之"剌馬當尼"ramaḍānī),故指月名爲人名耳。伊斯蘭陰曆九月爲"剌馬當"月,穆斯林例於是月齋戒。"伊斯蘭"(Islām),伍遵契《歸真要道譯義》作"以思剌目",余紹文《經漢雜學》作"以思略目",阿拉伯語"順服"之義,中國舊稱清真教、回回教。詞人剌馬當以回曆齋月命名,可知出身清真世家。梧溪子作詩稱之"清修馬道士",則文郁因元亡而遯迹爲道士,以"清真"而入"全真"也。

15 世紀藏史《青册》於印巴出世者喃渴堅糸(Ngom pa bya bral pa Nam mkha'rgyal mtshan)傳中,言"皇上燕王"(明成祖)遣大太監賁敕從南印度蕲請毘留波(Virūpa)時,相傳喃渴堅参披氅隨侍毘留波,[空行]現身於大明皇宫頂(gong ma ye dbang gis tha'i skyam

chen po gser yig tu mngags nas/rgya gar lho phyogs nas bi rū pa spyan drangs pa'i skabs su/rgya nag gi rgyal po'i pho brang gi thog tu bi rū pa'i phyags phyir thul pa cig gsol nas byon pa yin zhes pa'i gtam yang yod de//),見 'Gos lo tsā ba Gzhon nu dpal, *Deb ther sngon po* (Impressions from a print from the Yangs-pa-can blocks, later transferred to Kun-bde-gling in Lhasa),Śata-piṭaka Series V. 212,New Delhi: International Academy of Indian Culture,1974,folio 446。按喃渴堅參係如來大寶法王之弟子,而在南印度辦事之大太監(tha'i skyam chen po)即三寶太監鄭和。鄧之誠先生《桑園讀書記》據王穉登《客越志》,謂鄭和本名三寶奴。然鄭和本當有阿拉伯語教名,"三寶奴"(Samboqdu)則回鶻、蒙古語之法名也。觀藏史所記,鄭和第一次下西洋,即有從海路尋訪天竺佛迹、禮供聖真之目的。應參看永樂十一年明成祖致如來大寶法王書所叙中使太監鄭和詣南印度僧伽羅,奉香花供養佛牙,及最終請得佛牙,歸貯明皇城事,宿白先生《拉薩布達拉宫主要殿堂和庫藏的部分明代文書》曾加輯述,見宿白《藏傳佛教寺院考古》,北京:文物出版社,1996年,第213—214頁。又,明成祖尊稱法王爲"尚師","尚"通"上",猶"和尚"一作"和上"之比也。

62頁注4　郁久閭

柔然語"郁久閭"堪爲* gōkül之對音。此詞指光頭邊緣之小髮綹。書面蒙古語gökül ~ kökül指額髮或馬騾額毛。鄂爾多斯方言爲 гөхөл、喀爾喀方言 хөхөл,衛拉特(瓦剌)方言 көкл,布里亞特方言 хүхэл。玻珀曾據20世紀阿富汗西部莫臥兒語(Mogholī,一種波斯化之蒙古方言)之kākul"髮辮,鬈髮,髮飾,腦後之簇髮"(新波斯語kākul/kākūl兼指頂髻或薙頭後特留之一撮毛髮),將kökül之古蒙古語(Ancient Mongolian)形式擬爲* kōkül, Nicholas Poppe, "On the Long Vowels in Common Mongolian", *Suomalais-Ugrilaisen seuren Alkakauskirja/Journal de la société finno-ougrienne* 68. 4

(1967):12(tuft of hair, toupet)。屬於突厥語族之吉爾吉斯語有 көкүлдүү 一詞,即"有 көкүл(額髮、髮辮)"之義,К. К. Юдахин, *Киргизско-Русский словабь* (*Кыргызча-Орусча сөздук*), Москва: «Советская Энциклопедия», 1985, стр. 419: "имеющий чёлку, косичку".

《史記·五帝本紀》之郁夷,《尚書·堯典》作嵎夷,而《禮記·檀弓下》之公叔禺人,《左傳·哀公十一年》與《孔子家語·曲禮子貢問》作公叔務人。《魏書》編者或據斯例,故以"木""郁"聲相近歟。

63 頁 鮮卑髡頭

拓跋魏又有達奚氏。鮮卑語"達奚"可比較土族(Monguor)語 t'arɢē"禿頭;不毛之地",雅庫特語亦保留 тараҕай"禿頂"一詞。A. de Smedt, A. Mostaert, *Dictionnaire monguor-français* (Le dialecte monguor parlé par les mongols du Kansou occidental, IIIe Partie), Pei-p'ing: Imprimerie de l'Université Catholique, 1933, p. 411: "chauve, rasé (tête), nu (terre)". Otto Böhtlingk, *Jakutisch-Deutsches Wörterbuch* (Die Sprache der Jakuten, Theil 2), Reise in den Äussersten norden und osten Sibiriens III, St. Petersburg: Kaiserlichen Akademie der Wissenschaften, 1851, S. 92: "kahlköpfig." П. А. Слепцов ред., *Якутско-русский словарь* (*Сахалыы-нууччалыы тылдьыт*), Москва: Издательство «советская энциклопедия», 1972, с. 376: "плешивый, плешь".《晋書》卷一二四《慕容寶、慕容盛、慕容熙、慕容雲載記》載童謡云:"一束藁,兩頭然,禿頭小兒來滅燕。"並釋曰:"雲父名拔,小字禿頭,三子,而雲季也。熙竟爲雲所滅,如謡言焉。"可知鮮卑人有以禿頭爲人名者。《魏書》卷一一三《官氏志》載拓跋鄰(獻帝)賜弟姓達奚氏(後漢化爲奚氏),或是以名爲氏。言首禿者,非必毫髮盡無,参看《宋書》卷七四《臧質傳》質"出面露口,禿頂拳髮"之例。"拳髮"即鬈(蜷)髮。《魏書》於"拓跋""達奚"之真正詞義諱莫如深,轉以"首禿"貶柔然,良可哂也。

72—76 頁　羌與匈奴之文化淵源

《舊唐書》卷一九七《西南蠻傳》載東女國爲西羌别種,文字同天竺,俗以女爲王,"耳垂璫,足履𩋙𩌦"。按藏語,驟胯皮(麄面皮革,sag ri)所鞣製之靴子稱爲 sag lham,踏步時靴底橐橐之聲爲 rdag。然"𩋙𩌦"一名早見於戰國時胡語,漢末北海劉熙《釋名》(公元2世紀)卷五《釋衣服》(據清王先謙《〈釋名〉疏證補》)云:

> 鞾,跨也,兩足各以一跨騎也。本胡服,趙武靈王服之。𩋙𩌦,鞾之缺前壅者,胡中所名也,猶"速獨",足直前之言也。

晚清浙江孫詒讓《札迻》(1893)云:

> 《説文》無"𩋙𩌦"二字。皇象碑本《急就篇》作"索擇",較爲近古,疑漢人本如此作也。《逸周書·太子晋》篇云"師曠束躅其足",孔注云:"束躅,踏也。"此"速獨"當即"束躅",足踏而前,故云"足直前之言"。

按藏語 sag 有"徑直"義,與"索"字古音(*sak)相近,亦與"足直前"之義相合。羌藏語言所用"𩋙𩌦"一詞似借自先秦戎語。英人貝利謂"𩋙𩌦"乃伊朗語 saxtaka- "prepared leather",詞幹 sak- "to prepare", H. W. Bailey, *Indo-Scythian Studies* (Khotanese Texts VII), Cambridge University Press, 1985, p. 27。頗疑非是。阿卡得語稱胯(股)爲 sāqu,麄麻袋爲 saqqu,後者借入希臘語爲 sakkos,拉丁語作 saccus,即法語 sac、英語 sack 之所本。藏語弓弩橐爲 sag thag,並可參看。

90 頁　沙陀犬祖思想

歐陽修《新五代史》卷三七《伶官傳》記敬新磨滑稽事迹云:"新磨嘗奏事殿中,殿中多惡犬,新磨去,一犬起逐之。新磨倚柱而呼曰:'陛下毋縱兒女囓人!'莊宗家世夷狄,夷狄之人諱狗,故新磨以此譏之。"李存勗(莊宗)本爲沙陀朱邪氏,朱邪奉犬爲祖。敬新磨謂後唐宫中所畜之犬爲李存勗之"兒女",即譏李存勗爲犬也。

135 頁　元帝與回鶻語

元錢塘楊瑀《山居新話》云:"累朝于即位之初,故事須受佛戒九次,方登大寶,而同受戒者或九人,或七人,譯語謂之'暖答世'。"其中"同受戒者",陶九成《南村輟耕録》卷二作"近侍陪位者"。按楊元誠所記"暖答世"一語,顯即回鶻語 nomdaš 之譯音,華言"法侶"。詞幹 nom 義爲"法"(回鶻語 nom < 粟特語 nwm/nwmh < 阿拉米語 nmws/nmwsʾ< 希臘語 νόμος),附加突厥語表示伴當之後綴 -daš。據《元史》卷二〇五《姦臣傳》,哈麻之母爲惠宗弟寧宗之乳母,哈麻、雪雪兄弟早備宿衛,深蒙御寵。惠宗受佛戒於帝師時,哈麻若亦在 nomdaš 之列,則與惠宗爲戒兄弟或金剛道友矣。回鶻語 nomdaš 即藏語 chos grogs 之直譯。

136 頁注 1　藏語按摩

藏文"軀摵"(sku mnyed)指按摩身體,完成式爲 sku mnyes,未來式爲 sku mnye。名詞 sku 即軀體,動詞 mnyed pa 即捏、搓,猶《莊子》雜篇《外物》所謂"眥(批)摵可以休老"之"摵"也。動詞 nyug pa 則爲揉、摩,猶葛洪《神僊傳》卷一《彭祖傳》"摩搦身體"之"搦"也。

139 頁　《大彌陀經》

明朝嘉靖間匾囤禪師欽奉佛囑,印造流通之《大彌陀經》,即南宋龍舒王日休(虚中)居士於 1160—1162 年間校輯四譯,所成之合本,析爲二卷五十六分,題曰《大阿彌陀經》者是也。唐代新羅璟興《無量壽經連義述文贊》云:"魏時帛延顯《無量清净平等覺經》之號,吴時支謙立《諸佛阿彌陀三耶三佛薩樓佛檀過度人道經》之稱,亦名《大阿彌陀》,今[依]西晋法護名《無量壽經》。故經之名雖復廣略,其義大同。"王虚中題所會之本爲《大阿彌陀經》,蓋李唐時已有"大《阿彌陀經》"之别稱,尤指謙譯而不限于謙譯也。"大"謂大本,是對鳩摩羅什所譯小本《阿彌陀經》言之。

本經自公元2世紀屆10世紀,代有繙譯,見下表。

2—4世紀譯本	5—10世紀譯本(梵文底本)
(1) 安世高(安清)譯《無量壽經》(約在148—170年左右),佚。 (2) 支讖譯《無量清净平等覺經》(約在178—189年間)存,王會本采入。 (3) 支謙譯《阿彌陁三耶三佛薩樓檀過度人道經》[據梁僧祐《出三藏記集》(簡稱祐録)卷二]或《諸佛阿彌陀三耶三佛薩樓佛檀過度人道經》[據唐智昇《開元釋教録》(簡稱開元録)卷十九](約在222—253年間),存,王會本采入。支讖、支謙二本關係最接近。 (4) 康僧鎧譯《無量壽經》(約在252—254年間),存,王會本采入。隋費長房《歷代三寶紀》(簡稱長房録)卷五《魏吴録》謂僧鎧譯"與世高出者小異"。 (5) 帛(白)延譯《無量清净平等覺經》(258年),佚。 (6) 支法護(竺法護)譯《無量壽清净平等覺經》(據祐録卷二)或《無量壽經》(據璟興《無量壽經連義述文贊》、靖邁《古今譯經圖紀》卷二及餘經録)(308年),佚。	(1) 北天竺佛陀跋陀羅(佛大[馱]跋陀羅)禪師與寶雲共譯《新無量壽經》(421年),佚。 (2) 罽賓曇摩蜜多(號連眉禪師)譯《新無量壽經》(424—453年間),佚。 (3) 菩提流志譯《無量壽會》(《大寶積經》卷一七、一八)(706—713年間),存,王虚中未及會入合本。 (4) 法賢譯《大乘無量壽莊嚴經》(991年),存,王會本采入。

僧鎧譯本,舊題"曹魏天竺三藏康僧鎧譯",然康爲康居人入華所用漢姓,僧鎧固與安世高同屬伊朗種人。世高、僧鎧所據容爲天竺本,未必即梵文,或爲俗語寫本也。

帛延係龜兹王世子,曾譯《首楞嚴三昧經》(《勇伏定經》)於凉州,所據爲月氏居士支施崙之胡本(祐録卷七《首楞嚴經後記》)。可見龜兹人帛延解月氏語,而帛譯《無量清净平等覺經》》可能爲月氏胡本也。法護譯胡本《須真天子經》(266年)時,有安文惠、帛元信助傳,譯胡本《普曜經》(308 年)則有胡人康殊、帛法炬佐譯(據祐録卷七經記),安、康姓胡人皆伊朗種人,帛姓爲龜兹人,此數人皆曉月氏語也。

法護胡名曇摩羅察/曇摩羅剎,分別見於祐録卷七與梁慧皎《高僧傳》卷一。"剎""察"二字均帶 -t 收聲,"羅剎"可譯 rakṣas,然此處與"羅察"同譯 rakṣit[a](華言護)。法護胡名當係 * Tarmarakṣit < Dharmarakṣita。法國戴密微(Paul Demiéville)以竺法護爲 Dharmarakṣa(Louis Renou & Jean Filliozat, *L'inde classique*, Tome II, Chapitre XI "Le Bouddhisme – 4° Les sources chinoises", Paris: Imprimerie nationale, 1953, p. 414),未的。然戴氏亦是襲東瀛學者之誤耳。18 世紀工布查布(Gombojab)撰《中土正法弘傳要略:明慧普喜耳飾》(*Rgya nag gi yul du dam pa'i chos dar tshul gtso bor bshad pa blo gsal kun tu dga' ba'i rna rgyan*)時,早知護公梵名爲 Dharmarakṣita 矣。

法護係僑寓燉煌之月氏(支)人後裔,姓支氏,因師事竺高座,故又稱竺法護。竺法護譯經題爲《無量壽清净平等覺經》,接近竺法力所譯《無量壽至真等正覺經》,似依竺師所授之義,與支讖、帛延但譯作"無量"者不同。然支謙所譯《菩薩生地經》中,佛爲釋種長者子差摩竭(* Kṣamākar[a])説忍辱、離欲、幻化諸義,能令信者"壽終悉當生於西方無量壽佛清净國",弊魔波旬聞之,不禁"稍稍却行,而謂佛言'後可不須復説此法也'"。支謙此譯出月氏本,而亦言"無量壽佛",推想當日胡本俗寫當容許兩種讀法也。

經題"無量清净平等覺"爲義譯,"阿彌陀三耶三佛"爲音譯。"三耶三佛"係月氏音(* samyak-saṃbuj?),梵音爲"三藐三佛陀"(samyak saṃbuddha)。

梵文 samyak,古譯"清净"或"至真"。吐蕃譯師譯 samyak 爲藏文 yang dag,而 yang dag 亦有"至净""至真""至正"之義。支謙譯《梵摩渝經》稱釋迦覺王爲"清净至尊","三毒已滅,心如天金,謂之清净",又謂百二十歲梵摩渝"五蓋已盡,净若天金,於彼清净,得應真無爲而去”，應真即“阿羅漢”舊譯。西凉州人智嚴於劉宋時譯西域胡本《法華三昧女利行所問解人身散情經要集》，羅閲祇王女利行偈云：“返原盡欲室，令人歸故鄉。故鄉名無爲，號字清净堂。”其時譯經，尚用道家語。後人心存畛域，覩佛經譯文風格偏于漢化而有老莊風致者，遽判爲此土贋造，過矣！

梵文 saṃbuddha，古譯“平等覺”或“正真覺”，吐蕃譯爲 rdzogs pa'i sangs rgyas，即“圓覺”也。圓則平等，非平等不能圓。參真諦大師譯《金剛般若波羅蜜經》：“如是，須菩提！如是乃至無有如微塵法，如來所捨，如來所得，是故説名阿耨多羅三藐三菩提平等平等。復次，須菩提，諸佛覺知無有差别，是故説名阿耨多羅三藐三菩提。復次，須菩提，此法平等，無有高下，是名阿耨多羅三藐三菩提。”按“阿耨多羅三藐三菩提心”，舊譯“無上平等度意”或“無上正真道意”，玄奘大師始譯爲“無上正等覺心”。

北魏曇鸞大師《無量壽經優婆提舍願生偈注》卷上云：“安樂净土諸往生者無不净色，無不净心，畢竟皆得清净平等無爲法身，以安樂國土清净性成就故。”又云：“平等道所以名爲正道者，平等是諸法體相。以諸法平等，故發心等。發心等，故道等。道等，故大慈悲等。大慈悲是佛道正因，故言正道大慈悲。”又，《觀無量壽佛經》卷首《御製無量壽佛贊》云：“無量清净平等施，五濁衆生咸作佛，斷彼一切顛倒想。猶如以水投海中，濕性混合無不同，雖有聖智難分别。人人皆爲無量壽，稽首瞻禮即西方！”此與“十方凡聖專心向，分身遣化往相迎，一念乘空入佛會，身色壽命盡皆平”（唐善導大師《安樂行道轉經願生净土法事讚》）數語合參，最妙。

竺法力於 419 年譯《無量壽至真等正覺經》一卷。開元録卷三云：“見正度録，與世高、支讖、支謙、僧鎧、白延、法護等所出同本。”唯此譯僅一卷，疑非大本（如鳩摩羅什所譯小本一卷，祐録卷二亦稱爲《無量壽經》），實爲“小《無量壽經》”也。長房録卷七云法力譯本“一名《樂佛土經》（開元録誤作《樂佛土樂經》），一名《極樂佛土經》”，明佺等《大周刊定衆經目録》卷三引之。梵語“樂”（sukha）與

“苦”(duḥkha)對,“樂佛土”是直譯。然“如來大富樂即是净土”,“一向無失”(大常)、“一向樂”(大樂)、“一向自在”(大我)、“一向净”(大净)(詳真諦譯、世親造《攝大乘論釋》卷一五),乃妙樂之無極,故又采“極樂佛土”之意譯,以明其非凡俗之樂也。

支讖全名婁迦讖。祐録卷一三《支讖傳》末别出一支曜。同卷《支謙(支越)傳》又云:“初桓、靈世,支讖譯出法典,有支亮紀明資學於讖,謙又受業於亮。”别見祐録卷七支敏度《合〈首楞嚴經〉記》。祐録《成具光明經》一卷,謂是支讖、支曜二人異出,今大藏中止存支曜譯《成具光明定意經》一種。嘗疑支曜與支亮(支紀明),至少有一者爲支讖之漢名,以梵語 roka“光曜”似即月氏語“婁迦”之所本故(古波斯語 rauk-,龜兹語 luk-/ruk-“光照”)。後人不察,誤判爲二人也。

支謙、支恭明即支越之漢化名字,“越”(vat)者,其胡名音譯之詞尾,參看梵語佛提越(buddhivat),華言謙遜、明智。如支謙譯《佛説月明菩薩經》“有比丘字浮曇末,漢言至誠意”,浮曇末似即 * budhamat(參看梵語 budhanvat、buddhimat)。又如東漢時安息朝波斯(帕提亞國)正后太子安清字世高,其胡名當出自梵語 kaumāra-cārin(華言離慾修梵行之士)之類,即支謙譯《菩薩生地經》所謂“是以清高士,常防遠女色,净修菩薩道,大悲濟天下”者,亦如謙譯《月明菩薩經》説月明童男“有清潔之行,佛譬童男”之意,故以“清”“世高”爲漢化名字也。祐録卷一三《安世高傳》云:“世高本既王種,名高外國,所以西方賓旅猶呼安侯,至今爲號焉。”按西賓呼安侯者,“侯”即因帕提亞語 kwm’r 本出梵語 kumāra,華言童男而兼王子之義也。

慧遠大師結白蓮社於廬阜,在東晋太元十五年(390 年),佛大(馱)跋陀羅入蓮社在義熙二年(406 年)。越十五年,跋陀師始從梵文譯出《新無量壽經》,距遠公西逝已五年矣。“新”是“新出”義,對安世高、康僧鎧、竺法護舊譯《無量壽經》而言也。

僧叡襄贊什師譯業,廻向安養,而寶雲兼曉西域文字,非僅代佛大跋陀羅禪師潤飾漢文而已。中天竺求那跋陀羅(號摩訶衍)宣出"小《無量壽經》",亦由寶雲及弟子菩提法勇傳譯,見祐録卷二。雲公躬譯大小本《無量壽經》,功不可没矣。今世流通什師譯本《阿彌陀經》所附陀羅尼,乃後人取摩訶衍本以會入什本者。

4 世紀世親(天親)論師造《無量壽經優婆提舍願生偈》(6 世紀菩提流支譯漢,俗稱《無量壽經論》或《往生論》),中有"寶性功德草,柔軟左右旋,觸者生勝樂,過迦旃鄰陀"之句(神鸞師注:"夫寶例堅强,而此柔軟,觸樂應著,而此增道。事同愛作,何可思議!有菩薩字愛作,形容端正,生人染著,經言:'染之者或生天上,或發菩提心'")。世親大士固據梵文古本造論,流支譯句或即《新無量壽經》之譯文。鸞師《無量壽經優婆提舍願生偈注》卷上注"雨華衣莊嚴,無量香普薰"云:"《經》言:'日夜六時雨寶衣,雨寶華。寶質柔軟,履踐其上,則下四寸,隨舉足時,還復如故。用訖入寶地,如水入坎。'"鸞師所引似即逸本《新無量壽經》譯文也。

《法滅盡經》中佛般涅槃前懸記"《首楞嚴經》《般舟三昧》先化滅去,十二部經尋後復滅,盡不復現,不見文字"。佛記《無量壽經》最後滅,諸經滅後特留此經"止住百歲,百歲中竟,乃休止斷絶"(支謙譯大本《阿彌陀經》)。佛於《無量壽會》中云:"我今爲大嘱累,當令是法久住不滅。"上列壽經諸譯,十僅存五,虚中開士得見其四,會爲一集,其欲推遲法滅之期以利濟衆生之盛心爲何如哉!

224 頁　wakab

古典馬來文《因陀羅弗多羅傳奇》(*Hikayat Indraputra*)叙二男子競逐一公主,公主忽化爲娑乾陀華一朵。二男子亦化爲二寶豕,全身爲四寶所合成,欲奪彼華。公主復化爲寶石一顆,二豕乃化爲二鷹,各欲攫彼寶石。其中 wakab 一詞,應是校刊者誤讀 u 爲 wa。此詞本爲阿拉伯文 'uqāb(鷹)。

《歷史語文學論叢初編》勘誤

頁碼（p）、行數（l）/ 脚注號（n）	誤	正
p.40,l.15	即于闐的蒙古語	即“于闐”的蒙古語形式
p.55, l.5	于闐文、突厥文分別爲	于闐文“突厥”爲
p.74, n.4	桓譚	桓寬
p.82, l.9	《道行般若經》卷二	《道行般若經》卷三
p. 121, n.3	清・格爾泰	清格爾泰
p.124, l.5	یاتیرادی	یلتیرادی
p.130, l.11	係出	系出
p.154, n.3	武宗欲揀進	武宗欲太監揀進
p.160, l.17	四世	五世
p.168, l.14	gyes mod	gyes mdo
p.176, l.6	Rin chen bzang po'is time	Rin chen bzang po's time
p.179, l.8	Dpal Idan	Dpal ldan
p.196, l.18	dersire	desire
p.221, l.18	Garuṅa	Garuḍa
p.246, l.19	the subjects f Rainun	the subjects of Rainun
p. 252, n. continued from p.251	شکربیه shekar-bīra	شکربیره shekar-bīra
p.260, n.2	Ignoant	Ignorant
p.266, l.10	撲克	看
p.273, l.6	蝗	瘟（=癀）
p.326, l.13	begin	began
p.347, n.1	note 78	note 1 on p. 361
p.362, l.21	黃齏	黃虀

附録二

試論 Sonom Gara/Kara <* Sonom Gra/Kra 即“莎南屹囉二合”以及一批中期蒙古語密典下落不明之問題

班卓臧卜纂輯藏文《漢蕃册府》(*Rgya bod kyi yig tshang*)述元史竟,附録所據史料之跋語云:

yi ge 'di'i ngo bo/cong shu zhing gi khrims ra na/bca' tshe (tshes?) blangs 'dug pa/de'i ngo shus/sbeg so kha ching sang gis/dpon chen dbang phyug brtson 'grus bdag la byin nas/yu gur gi yi ge ngo bo/ta'i dben thong ji'i deb ther/hor yig ma dang lhan du yod pa/yar lung pas 'khyer 'dug na'ang/don 'di rnams blo la yod pas/skabs don bris pa yin//①

此字册之原本(ngo bo)在中書省(Cong shu zhing)署(khrims ra),“必闍赤”(bca' tshe,蒙古語 bičēči < bičì'eči,典書記者)取之[録副]。其副本由 Bäg Soqa 丞相惠贈我[薩思加]“奔禪”(dpon chen)汪出存竹(Dbang phyug brtson 'grus)後,畏兀字(Yu gur gi yi ge)原本與《大元通志》(*Ta'i dben thong ji*)蒙古字本(Hor yig ma)並置一處。[副本]雖爲牙兒隴人(Yar lung pa,指取代薩思加巴政權的怕木竹巴)挈走,而大意默記心中,爰書其内容[如上]。

所謂“畏兀字”一般應指畏兀文(回鶻文)。若非畏兀文而是畏兀字蒙古文,則其“蒙古字本”可能爲八思巴字蒙古文抄本。此處所言爲

① G · yas ru Stag tshang pa Dpal 'byor bzang po(Śrībhutibhadra), *Rgya bod kyi yig tshang mkhas pa dga' byed chen mo 'dzam gling gsal ba'i me long*,成都:四川民族出版社,1985 年,第 288 頁。

《大元通志》一類律例文書曾譯爲蒙古文之事實,載於藏文史料之中,彌足珍貴。至於藏地學者日勤受學、啐習的密宗法本,元大都中有無蒙古語譯本,則藏籍鮮及其事。此一問題殊令人好奇,治蒙元文化史者不可不一探究之。

Sonom Gara 與莎南屹囉

1920 年代末,匈牙利學者力戈地·來友士(Ligeti Lajos/Louis Ligeti)向蒙古喀喇沁(Qaračin)旗人購得一種蒙古文寫本,内容是西藏薩思加(Sa skya,薩斯迦,撒思加)派第四祖薩思加板的達(Sa skya Paṇḍi ta Kun dga' rgyal mtshan,1182 – 1251)所纂輯格言詩《嘉言寶藏論》(*Legs par bshad pa rin po che'i gter zhes bya ba'i bstan bcos*)一書之蒙古語譯文,題曰:*Sayin üge-tü erdeni-yin sang neretü šastir*。寫本既爲力戈地取歸布達佩斯,入藏匈牙利科學院(Magyar Tudományos Akadémia),故稱爲"布達佩斯寫本"(Budapest manuscript)。力戈地判斷此寫本抄於 17 世紀,其所載譯文之産生年代却應上溯至 14 世紀,並於 1948 年將之影印刊行①。同一蒙古語譯文曾爲元人以"八思巴字"抄寫,題曰:*Sayin · ügetü erdini-yin caŋ neretü šasṭir*,但僅剩零殘片段,保存于所謂"赫爾辛基殘片"(芬蘭 Mannerheim Museo 庋藏)、"柏林殘片"(德國 Berlin-Brandenburgische Akademie der Wissenschaften 庋藏)之中②。1969 年,美國加利福尼亞大學柏克萊分校之瑞典籍學者包森(James Bosson)發表布達佩斯寫本之全部羅馬字母轉寫與英文譯注,鑒於"八思巴字"與元朝偕亡之史實以及布達佩斯抄本之譯文明顯具有

① L. Ligeti, *Le Subhāṣitaratnanidhi mongol: un document du moyen mongol*, Bibliotheca orientalis hungarica 6, Budapest: Société Kőrösi Csoma, 1948.

② L. Ligeti, "Les fragments du *Subhāṣitaratnanidhi* mongol en écriture 'Phags-pa: le mongol préclassique et le moyen mongol", *Acta Orientalia Academiae Scientiarum Hungaricae* 27/3 (1964), pp. 239 – 292.

“前古典蒙古語”(pre-Classical Mongol)或“中期蒙古語”(Middle Mongol)之語言特徵,包森教授推定該蒙古語譯本是 13 世紀末至 14 世紀期間之成品①。

布達佩斯寫本最可注意之一點,是正文前在 Saskiyab bandidta baγsi čorǰig degedü lam-a ǰoqiyaǰu 之後題:

Tarniči toyin sonom gara orči-γulbai②

義爲“持咒僧 Sonom Gara 譯”。譯人名字第二部分,由於蒙古字容許四種可能讀法,即 gara、kara、gere、kere,包森教授以極爲審慎之語氣,指出 grags、grwa 或 dge [+ *x*]、dga' [+ *x*]皆不無可能爲其藏語原型③。近年,匈牙利學者卡拉(György Kara)與捷克學者姬莉波絲卡(Marta Kiriposlká)在包森之研究基礎上,爲該蒙古文譯本合編詞典,主張“Sonom Gara”乃藏語 bsod nams + 梵語 kara/kāra 而構成之人名④。若據此説,此譯者當有梵名 Puṇyākara(“福作”或“福藏[福所出處]”),藏譯一般作 Bsod nams 'byung gnas(“福源”),蒙古語蓋采用蕃(藏)、梵混合形式。然此説恐非是。

准佛教徒取梵、蕃名字之原則,更參以蒙古字 g、k 不分之事實,Sonom Gara 名字之原型殆有下表所列二種可能:

---

① James E. Bosson, *A Treasury of Aphoristic Jewels: the Subhāṣitaratnanidhi of Sa skya Paṇḍita in Tibetan and Mongolian*, Bloomington: Indiana University, 1969, pp. 12 - 13.

② J. Bosson, *A Treasury of Aphoristic Jewels*, pp. 13, 131. 按 Saskiyab < 藏語 Sa skya pa,čorǰig 當爲 čorǰib (< 藏語 chos rje ba, chos rje pa),字尾 -b、-g 形近致誤。

③ J. Bosson, *A Treasury of Aphoristic Jewels*, p. 13:“Dare one suggest that it could perhaps be *grags*, *grva*; or *dge*, *dga'* plus another element?”

④ G. Kara, M. Kiriposlká, *Dictionary of Sonom Gara's Erdeni-yin Sang: a Middle Mongol version of the Tibetan Sa skya legs bshad*, Leiden: Brill, 2009, p. 265.

畏兀(畏吾兒)語/蒙古語形式	蕃(藏)語形式	梵語形式
* Sonam Gra > Sonom Gara	Bsod nams grags (Bsod nams grags pa)	Puṇyakīrti(福德稱)
* Sonam Kra > Sonom Kara	Bsod nams bkras (Bsod nams bkra shis)	Kuśalamaṅgala (福吉祥)

此中須作兩點簡要説明:

(一) 蒙古語重音在第一個音節(畏兀語一般情况亦然),* Sonam 第二個音節之元音受第一個音節影響而圓唇化,所以 * Sonam > Sonom。

(二) 凡屬突厥、蒙古語族之語言,皆有避免複合輔音之趨勢,若遇外來語帶有複合輔音之音節,則有時在該音節中相連綴之二輔音之間插入元音。至於插入之元音,畏兀語較嚴格遵循阿爾泰語系之“元音和諧”律,故 Gra 或 Kra 應有二種演變結果: Gra > Gara、Gïra, Kra > Kara、Kïra。

1984 年,力戈地主編紀念歐洲“西藏學之父”柯樂士·卓瑪(Kőrösi Csoma Sándor/Alexander Csoma de Kőrös)二百歲冥誕論文集,其第二卷首篇論文爲力戈地本人所撰“La version mongole des *Douze actes du Bouddha*”,該文第 5 條注脚論列早期蒙古文譯家,特及 Sonom Gara①。其第一卷首篇論文則爲美國印地安那大學白桂兹(Christopher I. Beckwith)教授所撰“A Hitherto unnoticed Yüan-period collection attributed to ’Phagspa”,在匈牙利學者塞爾比(Janós Szerb)協助下,介紹漢文《大乘要道密集》。《密集》録有若干西藏薩思加派密宗法本,題“持咒沙門莎南屹囉譯”,彼等釋爲 Dhāraṇī-

① Ligeti ed., *Tibetan and Buddhist Studies: commemorating the 200th anniversary of the birth of Alexander Csoma de Kőrös*, Budapest: Akadémiai Kiadó, 1984, V.2, p. 10.

holding śramaṇa* Bsod nams grags①。今按:“持咒沙門莎南屹囉譯”,無疑與前引布達佩斯寫本之 tarniči toyin sonom gara orčiγulbai 相對等。存世文獻中,至少以目前所知,僅此中期蒙古語譯本與漢譯密典中有如是相符之識語,恐非巧合。

無論 Bsod nams grags 或 Bsod nams bkras (= bkra shis),若據藏音譯出,grags 或 bkras 當爲“劄”“匝”“吒”之類,或按一種相對貼近字面之譯法作“吃剌思”“乞剌思”“吉剌思”“合剌思”“葛剌思”之類。《元史・泰定帝紀一》泰定二年正月戊申(1325 年 2 月 10 日):

> 以乞剌失思八班藏卜(*Krašisba Balcaŋbu < 藏語 Bkra shis pa dpal bzang po)爲土蕃等路宣慰使都元帥,兼管長河西、奔不兒亦思剛(*Bonbor[或 Bombor]Isγaŋ < 藏語 Spo 'bor sgang,在今四川省甘孜[Dkar mdzes]藏族自治州)、察沙加兒、朶甘思(Mdo khams)、朶思麻(Mdo smad)等管軍達魯花赤(daruqači),與其屬往鎮撫參卜郎。②

按“乞剌失思”之“乞剌”即*Kra。清阮元輯《兩浙金石志》卷十八録有元順帝至正十八年(1358 年)之《元西天元興寺銅鐘題記》,末題:

> 提點僧公哥古魯、住持智明普照大師依仁屹剌識巴講主、監造朝列大夫同知浙東道宣慰使司副都元帥于應辰。大元至正十八年十月初三日置。③

按:“公哥古魯”當爲*Goŋγa G[ü]rü(< 藏語 Kun dga' grub);“依

① Ligeti ed., *Tibetan and Buddhist Studies*, V. 1, p. 12.

② 《元史》卷二九。按“亦思剛”(*Isγang)即藏語 sgang 之蒙古化發音。近時,沈衛榮教授惠示其所研究北京圖書館藏《觀世音菩薩修習法門》卷五《密修十三佛中圍現前解》(第 40a 頁上)有人名“亦兒加思端巴”(*Irgyasdonba < 藏語 Rgya ston pa),其“亦兒加”殆爲藏語 rgya 之蒙古化發音,正與此同。

③ 《續修四庫全書》910,第 25a－25b 頁。

仁"可能是 * Ijin(< 藏語 Yid bzhin),"屹剌識巴"即 * Krašiba(< 藏語 Bkra shis pa),既稱講主(元代藏文常作 gyang ju),當是以宣講番經(乃至密續)爲務。二人爲元末杭州之番僧。莎南屹囉之"屹囉",當與"屹剌"具有相類之對音作用。至於"莎"字,於此處讀如"唆"(* s^{w}o),可對譯 svā、so 等音①。

要之,"持咒沙門莎南屹囉"實可視爲譯自蒙古文 tarniči toyin sonom gara (gra)/kara (kra)。力戈地於此極易發現之關鍵性勘同,當面錯過,距今將三十載,塞爾比與力戈地俱已辭世,斯事久晦,亟待揭出。

藏語稱出家人善持咒者爲 sngags 'chang ba'i dge slong("持咒之比丘")。元代蒙古語尚未使用 gelüng(即借自藏語 dge slong)一詞,而直接借用畏兀語"脱因"(toyïn)②,故譯 sngags 'chang ba'i dge slong 爲 tarniči toyin。畏兀語 tarni (darni, darani)、蒙古語 tarni(滿語同)源自梵語 dhāraṇī(陁羅尼),加上後綴-čï/-či 以構成動作者名詞(nomen actoris)。蒙古語 tarniči 指咒師,相當於藏語 sngags 'chang、sngags 'chang ba (梵語 mantradhara) 或 sngags pa (梵語 mantrin),複數式爲 tarničid③。題識中 tarniči 與 toyin 二名詞爲同位語 (apposition),而前一名詞復修飾後一名詞,故漢文譯爲"持咒沙門"。此處"沙門"衹是對佛教出家人之一種泛稱,其人或爲比丘。《元史·世祖紀十三》至元十年五月丁巳(1273 年 5 月 23 日)云:

---

① 近代漢語從法語 sofa (< 阿拉伯語 ṣuffah [ṣoffah],複數式 ṣuffāt) 借入"沙發"一詞,"沙發"之"沙"字,其初亦應讀"莎"音,道理相同。

② 蒙古語似乎曾有另一種形式,作 * toǰin,漢文對音爲"啅真",借自漢語"道人"(指佛教僧人),載於《至元譯語·人事門》,補入陳元靚編《新編纂圖增類群書類要事林廣記》庚集卷十,見長澤規矩也編《和刻本類書集成第一輯》,上海:上海古籍出版社,1990 年,第 365 頁。

③ 八思巴字蒙古語詔書有拼寫作 dharničid 之例,見卓嘎 (Sgrol dkar) 等編《西藏歷史檔案薈萃》(*Bod kyi lo rgyus yig tshags gces btus*),北京:文物出版社,1995 年,元朝檔案影印件第 6 件 *Tho gon te mur rgyal pos yon tan rgyal mtshan la bstsal pa'i lung*。

建白塔二,各高一丈一尺,以居咒師朶四的性吉(* Dosdi Siŋgi < 藏語 Mdo sde seng ge)等七人。①

又《元史·世祖紀十四》至元二十九年(1292 年):

是歲……命國師、諸僧、咒師修佛事七十二會。②

又《元史·成宗紀三》大德五年七月癸丑(1301 年 8 月 20 日):

詔禁畏吾兒僧、陰陽、巫覡、道人、咒師,自今有大祠禱必請而行,違者罪之。③

又《元史·英宗紀一》至治元年三月壬午(1321 年 4 月 6 日):

遣咒師朶兒只(Dorǰi < 藏語 Rdo rje)往牙濟(Ya tse, Ya tshe,今拉達克)、班卜(Bal po,今尼泊爾)二國取佛經。④

此爲《元史》所載忽必烈以來元廷咒師活動之情況。

臺北"故宫博物院"藏明英宗正統四年(1439 年)泥金寫繪本《吉祥喜金剛集輪甘露泉》(*Dpal kye'i rdo je'i tshogs* [*kyi*] *'khor* [*lo'i cho ga*] *bdud rtsi'i bum pa*)題"持咒沙門莎南屹囉$_{\text{二合}}$集譯",咒文又有"拶屹囉$_{\text{二合}}$"⑤,後者即對譯梵語 cakra("輪")。此一音注

---

① 《元史》卷一六。
② 《元史》卷一七。
③ 《元史》卷二〇。
④ 《元史》卷二七。
⑤ 葛婉章主編《佛經附圖:藏漢藝術小品》(光碟),臺北"故宫博物院",2003 年。藏文 tshogs 'khor 指印度密宗之集會獻供儀式,所謂 gaṇacakra。釋妙舟《蒙藏佛教史》,揚州:江蘇廣陵古籍刻印社,1993 年,第 14 頁:"……有所謂荼克拉會合者……行五'摩'字法之儀式,所謂五摩(pañca-makāra)字法者:一、摩假(madya),即酒;二、摩恩薩(māṁsa),即肉;三、摩特司耶(matsya),即魚;四、摩烏陀羅(mudrā),即穀;五、摩花肚拿(maithuna),即兩性交媾。元之'事事無礙',恐由此惡風而來。"按妙舟師所謂"荼克拉會合",即 gaṇacakra(集輪,會輪)"集輪供"(tshogs kyi 'khor lo'i mchod pa)是也。《庚申外史》言"演揲(音牒)兒"法能使人身之氣或伸或縮,氣即梵語 prāṇa,伸縮則爲梵語 āyāma 之詮釋。元順帝時,天竺僧自藏地入大都,梵文術語既經繙譯,間有記載於漢文史料者。

實爲“屹囉二合”對譯 * gra / * kra 之明證,足可支持上述 Gara < * Gra、Kara < * Kra 之假設,並顯示卡拉與姬莉波絲卡所舉梵語 kara 一説爲决然錯誤!

現存明代漢文密宗法本凡題“持咒沙門莎南屹囉譯”或“持咒沙門莎南屹囉集譯”者,是由莎南屹囉之蒙古文譯本間接譯出,漢文本譯者(無名氏)不過將蒙古文譯本中 tarniči toyin sonom gara orčiγulbai 或 * tarniči toyin sonom gara quriyaǰu orčiγulbai 等題識之語一併譯出而已。質言之,漢文諸法本非從藏文譯出,漢譯者亦未必爲莎南屹囉!

沈衛榮教授近年從漢文《大乘要道密集》中取與藏文原本對勘者,其漢譯與藏文有所出入①,此種現象似可取鄙説即“蒙古文轉譯説”解釋之。例如八思巴(發思巴,’Phags pa Blo gros rgyal mtshan dpal bzang po,1235—1280)所撰《上師瑜珈》(*Bla ma’i rnal ’byor*),衛榮教授所據漢文本作《觀師要門》,竊疑當時蒙古文譯本作 * [*Degedü*] *Lam-a-yi bisilγaqui činar yosun*(“觀師要道”;或 * *Lam-a-yi bisilγaqui ubadis*“觀師要訣”)。其文述觀想内容有 bdag la dges bzhin du 與 mnyes par gyur pa 二處②,前者可直譯爲蒙古文 namayi taγalarun bügetele(“正當③歡喜於我”),後者可作 taγalaγsan(“歡喜了”),而漢文本均作“大喜行人”④者,疑蒙古文譯本作 * bisilγaγči-yi taγalarun bügetele(“正當對觀修行人歡喜着”)與 * bisilγaγči-yi taγalaγsan(“對觀修行人歡喜了”),因漢譯本不采用繙譯《蒙古秘

① 沈衛榮《元代漢譯八思巴帝師造〈觀師要門〉對勘、研究》《八思巴帝師造〈略勝住法儀〉研究》,見沈衛榮《西藏歷史和佛教的語文學研究》,上海:上海古籍出版社,2010 年,第 44—57、69—96 頁。

② *Dpal ldan Sa skya pa’i bka’ ’bum* (reproduced from the 1736 Sde dge edition), Dehra Dun: Sakya Center, 1992/93, volume 13, folia 118, p. 119.

③ 藏文 bzhin du 置於動詞之後,表該動作爲持續進行式,與置於 de“彼”之後表“如”義者(de bzhin du“如彼”)絶殊。此處非表“如”義,蒙古語自不當以 siγ(或較古的 sitü)譯之,而應在動詞後加上 bügetele。

④ 沈衛榮《元代漢譯八思巴帝師造〈觀師要門〉對勘、研究》,見沈衛榮《西藏歷史和佛教的語文學研究》,第 47、50 頁。

史》或蒙古語公文之俚語白話體，故無從表現其動詞詞態之細微區别。

"持咒沙門莎南屹囉"既爲 tarniči toyin sonom gara，則至少現存題"莎南屹囉［集］譯"之種種漢文密宗文本，似當皆曾有中期蒙古語譯本爲其依據。果爾，中期蒙古語密典譯本之數量當亦可觀。此一認識，無疑將爲蒙古書面語歷史、13—14 世紀文化交流史增添全新之一章，洵爲吾人考究人名對音之初所未料及！

《明英宗實録》正統五年八月乙亥（1440 年 9 月 1 日）載：

> 烏思藏（Dbus-Gtsang）剌麻三竹藏卜（Bla ma Bsam grub bzang po）等奏求布施大寺院食茶五萬斤，刊印板的達語録、祖師秘訣，及於番、漢地面往來游方、修行并勘合護持。上不允。①

按："板的達語録"即《嘉言寶藏論》，"祖師秘訣"則爲薩思加派歷輩祖師所傳語訣（zhal gdams, gdams ngag, man ngag），特不知是否盡爲藏文本或包括蒙古文譯本。至隆慶六年（1572 年），蒙古土默特（Tümed）部俺答汗（Altan Qan）向明廷索求蒙古文佛經，宣、大總督王崇古（1515—1588）請"詔儀部咨内外經廠給韃靼經"，禮部却因"經廠久焚"，竟無"韃靼字番經"可給，權以西番字（藏文）番經予之②，可見元代所遺蒙古文（韃靼字）佛籍久未刊印，原卷多遭丙丁，故"中期蒙古語"文本現存無多，徒令阿爾泰語文學者爲之懸想於無窮！

---

① 《明實録》，臺北："中研院"歷史語言研究所，1966 年，第 25 册，第 1352—1353 頁。

② 《明實録》，第 96 册，第 216—217 頁。瞿九思《萬曆武功録》卷八《俺答列傳下》，萬曆刊本，第 40 頁，《四庫禁燬書叢刊》史部 36，北京：北京出版社，2000 年，第 66 頁。按蒙古文字可稱"韃靼番字"，蒙古文佛經可稱"韃靼字番經"，參看《萬曆武功録》卷一四《切盡黄台吉列傳》，第 38 頁，《四庫禁燬書叢刊》史部 36，第 303 頁："歸華寺比丘宛冲（*Dbon chung），習學韃靼、畏兀、西番番字，鄉（= 嚮）隨切盡傳經譯字，積功勞。"

莎南屹囉之種族文化背景

蒙古學家所知之 Sonom Gara,不論原爲 * Sonam Gra 或 * Sonam Kra(漢文音譯: 莎南屹囉),其源出於藏語(Bsod nams grags 或 Bsod nams bkras),固不俟辯。又莎南屹囉既繙譯薩思加板的達、八思巴伯侄之著作,或有人因此懷疑莎南屹囉爲薩斯加派之藏族譯師,然吾人細繹《嘉言寶藏論》之蒙古語譯文,頗覺應排除此一可能。

《嘉言寶藏論》有句云:

yung nga dang ni tsha la las//
kha dog gzhan zhig skye bar 'gyur//①

莎南屹囉之蒙古語譯文云:

sariγ möge tanagari qoyar ača//
busu nigen öngge bolun bolun bui//②

詩句意謂薑黄(yung nga)、硼砂(tsha la)摻合後將産生另一種顔色。硼砂,莎南屹囉作 tanagari,蓋借用波斯語 tangār③(波斯語 tangārī 爲"一箇 tangār"之義)。薑黄,包森讀蒙古文爲 sariγ möge,析爲"黄蘑菇(möge = mögö)"④,卡拉等訂正爲 sariγ munga⑤。此處薑黄是借用畏兀語 sarïγ munga,故黄色一詞不用蒙古語 sira。包森懷疑莎南屹囉譯本完成于土魯番⑥,故其蒙古語帶有畏兀語色彩。又《嘉言寶藏論》提及尼波羅(尼八剌,尼巴辣,即今尼泊爾)人熟悉

① J. Bosson, *A Treasury of Aphoristic Jewels*, p. 41.
② J. Bosson, *A Treasury of Aphoristic Jewels*, p. 135.
③ Cf. Jean Jacques Pierre Desmaisons, *Dictionnaire Persan-Français*, Rome: Typographie Polyglotte, 1908, Vol. 1, p. 528: tengâr "borax".
④ J. Bosson, *A Treasury of Aphoristic Jewels*, p. 305.
⑤ G. Kara, M. Kiriposlká, *Dictionary of Sonom Gara's Erdeni-yin Sang: a Middle Mongol version of the Tibetan Sa skya legs bshad*, p. 185.
⑥ J. Bosson, *A Treasury of Aphoristic Jewels*, pp. 305 – 306.

石榴（se'u），縱未親嚐，亦能辨色知味，藏文作：

> bal bos（pos） se'u ma zos kyang//
> kha dog nyid las bro ba shes//①

莎南屹囉之蒙古文譯本對應尼波羅石榴（bal po'i se'u）之處作 bolbasun ǰimis（"熟莓"），當係後世抄手誤抄*balbos-un ǰimis"八魯布（尼波羅人，複數）之莓"使然。契丹人耶律楚材《西游録》卷上云：

> 苦盞（按：即 Khujand，忽氊，在今中亞塔吉克斯坦）多石榴，其大如拱，甘而差酸，凡三、五枚，絞汁得盂許，渴中之尤物也。②

此係湛然居士記費爾干那（Farghāna）盆地所産石榴，當地人操一種波斯語。石榴原産於波斯（今伊朗），尼波羅語 anāra 借自波斯語 anār（一作 nār）。蒙古人初不知石榴，元代蒙古語亦尚未按照藏語石榴籽 se 'bru ~ se'u 'bru 之稱搬造出 sebürü、sengbrü 等詞。元時蒙古人接觸石榴，主要應通過波斯語，至少在中亞花剌子模（Khwārazm）或波斯伊利汗（Il Qan，Īl-khān）國之蒙古語曾借用波斯語 anār 一詞，有 14 世紀辭書可證③。莎南屹囉不知 se'u 指石榴，故按藏文 se'u ~ se 可以互用之原則，取藏語 se 'brum（刺蘼果）或 se rgod（荼蘼子）一義，譯爲 ǰimis④（一作 ǰimiš，莓子；畏

---

① J. Bosson, *A Treasury of Aphoristic Jewels*, p. 42. G. Kara, M. Kiriposlká, *Dictionary of Sonom Gara's Erdeni-yin Sang*, p. 47.

② 向達校注《西游録》，北京：中華書局，1981 年，第 2 頁。

③ Peter B. Golden ed., *The King's Dictionary—the Rasûlid Hexaglot: Fourteenth Century Vocabularies in Arabic, Persian, Turkic, Greek, Armenian and Mongol* (*Handbuch der Orientalistik*, Achte Abteilung, Zentralasien, Vierter Band), tr. by Tibor Halasi-Kun et al., Leiden/Boston/Köln: Brill, 2000, p. 255.

④ 17 世紀衛拉特人之托忒文譯本始音譯藏語爲 balbuyin seü，見 Ch. Luvsambaldan, "Le *Subhāṣitaratnanidhi* oïrate du Zaya Paṇḍita", *Acta Orientalia Academiae Scientiarum Hungaricae* 26/2－3（1972），p. 204. 據補入 *Muqaddimat al-Adab* 一書之 13 世紀語彙，蒙古語 ǰimiš 有時對應突厥語 üzüm（葡萄），見 Н. Н. Поппе, *Монгольский словарь: Мукаддимат ал-адаб*, Москва/Ленинград: Издательство Академии Наука, 1938, стр. 120, p. 183. 藏語葡萄爲 rgun 'brum。

兀語果子 yimiš, yemiš)。元初忽思慧《飲膳正要》列有“西天茶飯”二種①：

八兒不湯 係西天茶飯名　　補中、下氣、寬胸膈
羊肉　一脚子，卸成事件 草菓　五箇 回回豆子　半升，搗碎，去皮 蘿蔔　二箇
右件一同熬成湯，濾净。湯内下羊肉，切如色數大。熟蘿蔔切如色數大，咱夫蘭一錢，薑黄二錢，胡椒二錢，哈昔泥半錢，芫荽葉、鹽少許，調和匀②。對香粳米乾飯食之，入醋少許。

撒速湯　係西天茶飯名　　治元藏虚冷、腹内冷痛、腰脊酸疼
羊肉　兩脚子，頭蹄一付 草菓　四箇 官桂　三兩 生薑　半斤 哈昔泥　如回回豆子兩箇大
右件，用水一鐵絡熬成湯，於石頭鍋内盛頓。下石榴子一斤，胡椒二兩，鹽少許。炮石榴子，用小油一杓。哈昔泥如豌豆一塊，炒鵝黄色，微黑。湯末子油去净，澄清。用甲香、甘松、哈昔泥、酥油，燒、烟薰，瓶封貯任意。

---

① 忽思慧《飲膳正要》卷一，《續修四庫全書》1115，第 543a、550a 頁。

② 咱夫蘭即波斯、阿拉伯語 za‘farān，《飲膳正要》釋爲“回回地面紅花”(第 609 頁)，清代以後經西藏輸入，故稱藏紅花，實非藏産。《回回藥方》有“咱法蘭”，明初釋爲“番梔子花蘂”(宋峴《回回藥方考釋》，北京：中華書局，2000 年，第 130、135、184 頁及書影各處)。13 世紀蒙古語、察合台突厥語辭書已收録 za‘farān 一詞，見 Н. Н. Поппе, *Монгольский словарь: Мукаддимат ал-адаб*, стр. 330, 391. 哈昔泥即波斯語 kasnī/kāsnī(阿魏)。此處芫荽不用波斯語 kishnīj，而用漢語。

美國學者布埃爾(Paul D. Buell)謂"八兒不"即 bal po(藏語尼波羅人),"撒速"即 se'u bru,視之爲元廷經西藏媒介引入回回食療之佐證①。其説殊誤!

"撒速"湯内之石榴子,元時當是以波斯語 anār 稱之。就對音而言,元代藏語石榴子亦無由譯成"撒速"。《金史》卷三五《禮志》云:

國言摇手而拜謂之"撒速"。

此女真語"撒速" * sasu- 應與蒙古語 saǰi-"甩"有關。宋、元間類書《事林廣記》所列食譜有"女真鵪鶉撒孫"②一種:

女真鵪鶉撒孫
鵪鶉煮熟,去脊骨,剁碎爛。蓼子葉數片,細切,豆醬研細,紐取汁,芥末煞熟,水調,紐汁。右件入鹽少許,一處拌匀,盛于楪内供之。

鵪鶉肉剁碎爛,摻和豆醬,由滿語 šašun"肉泥,肉醬"、šašan"豆泥酸菜湯"、šasigan/šasihan"羹,湯"③等綫索推較,"撒孫"必爲女真語,且與滿語 šašun 甚爲接近。諸詞不見于通古斯語④。德國學者曾引滿語 saksu"竹簍"以釋"撒孫"⑤,殊未中的。

---

① Paul D. Buell, "Tibetans, Mongols and the Fusion of Eurasion Cultures", in Anna Akasoy, Charles Burnett, Ronit Yoeli-Tlalim eds., *Islam and Tibet: Interactions along the Musk Routes*, Ashgate Publishing Group, 2011, pp. 205 - 207.

② 西園精舍新刊《新編纂圖增類群書類要事林廣記》别集,東京:株式會社,高橋写真マイクロ写真部,1977 年,卷九,第 11b—12a 頁。

③ И. Захаров, *Полный маньчжурско-русскій словарь* (*Manju oros gisun i yongkiyame isabuha bithe*), Санктпетербургъ: Императорской Академии Наук, 1875, c. 662. 胡增益主編《新滿漢大詞典》(*Ice manju nikan gisun i kamcibuha buleku bithe*),烏魯木齊:新疆人民出版社,1994 年,第 651 頁。

④ 參看 В. Цинциус, *Сравнительный словарь тунгусо-маньчжурских языков*, Ленинград: Издательство «Наука», 1975, c. 425 之 шашан "суп" 條。

⑤ Herbert Franke, "Chinese Texts on the Jurchen: a Translation of the Jurchen Monographs in the *San-ch'ao Pei-meng Hui-pien*", *Zentralasiatische Studien* 9 (1975), p. 173.

蒙古語借藏語 bal po 爲 balbo/balbu，元譯“班卜”（已見上文）或“八魯布”①。雖偶有極少數例外，蒙元通例是以“兒”字爲 r（而非 l）之對音②，故傅海波（Herbert Franke）謂“八兒不”即 * barbu，特無法解釋之③。疑“八兒不”爲女真語 * bar[a]bu（參看元譯中亞地名“卜花［哈］兒” = Bukharā），比較滿語使動式動詞詞幹 barabu-“令用湯汁澆淋米飯”④。該滿語詞不見于通古斯諸語⑤，惜吾人尚未掌

說明：圖片取自 Ye shes don grub bstan pa'i rgyal mtshan，*Dri med shel phreng nas bshad pa'i sman gyi 'khrungs dpe mdzes mtshar mig rgyan*（《本草》），上十一（bcu gcig gong）頁，Lokesh Chandra ed.，*An illustrated Tibeto-Mongolian materia medica of Ayurveda of 'Jam-dpal-rdo-rje of Mongolia*（from the collection of Z. D. Gomboev），Śatapiṭaka series，Vol. 82，New Delhi：International Academy of Indian Culture，1971. 由左至右，蒙古文 üjüm、藏文 rgun 'brum nag po、漢文葡萄，漢文［石］榴、藏文 se 'bru、藏文［ba］l po se'u 'bru。

---

① 《元史》卷二〇三《阿尼哥傳》。清譯“巴勒布”。

② 按元譯藏語人名 'Jam dpal rgyal mtshan 爲“醮（蘸）八兒監藏”“站八兒監藏”（《元史》卷二七《英宗紀一》、卷二九《泰定帝紀一》），其“兒”是對譯 rgyal 之 r-，非對譯 dpal 之 -l，此點不可不知。

③ Herbert Franke，“Additional Notes on Non-Chinese terms in the Yüan Imperial Dietary Compendium *Yin shan cheng-yao*”，*Zentralasiatische Studien* 4（1970），p. 12：“I cannot explain * *barbu*”.

④ И. Захаров，*Полный маньчжурско-русскій словарь*，Санктпетербургъ：Императорской Академии Наук，1875，c. 480：bara-“растворяю тесто，подливаю воды，обливаю，размачиваю，наливаю супу，поливки в кашу”；barabu-“замешиваю тесто，глину，растворяю глину，известь，примешиваю，сваливаю в одно место кучу”.

⑤ В. Цинциус，*Сравнительный словарь тунгусо-маньчжурских языков*，c. 72.

握契丹語之細節，暫不能深入推考其來源。“八兒不”湯須“對香粳米乾飯食之”，與 barabu-意義吻合。以上二種“西天茶飯”，至晚當在金代傳入中國。由此推知，元輯《飲膳正要》録有部分金代食譜。

莎南屹囉當非來自西藏本土或喜馬拉雅地區，否則不應誤譯尼波羅石榴。莎南屹囉可能是生于元代並通曉蒙古語之畏兀人，亦可能是曾游畏兀地區如土魯番東南之哈剌火州（Qara Qočo，元代藏文作 Ga ra go jo）等地、獲傳密宗梵咒之蒙古人。土魯番盆地居民固知石榴及其源自波斯語之名稱，却不熟悉尼波羅石榴之藏語名稱。

臺北故宫博物院藏明朝正統年間寫繪本《吉祥喜金剛集輪甘露泉》、《如來頂髻尊勝佛母現證儀》①列有師承名録，兹爲一表，並試推其梵、蕃文原型如次：

《吉祥喜金剛集輪甘露泉》卷下第 31 開	《如來頂髻尊勝佛母現證儀》第 35—36 開	梵/蕃文原型
麻曷斡資囉二合塔囉	大持金剛	Mahāvajradhara
不囉二合赫麻二合拿塔哩二合蔑葛	不囉二合黑麻二合塔兒滅葛	Brāhmaṇa Dhar[ma]megha
摩尼堆撥莎渴斡資囉二合	速渴斡資囉二合	Maṇidvīpa Sukhavajra; Nor bu gling pa Bde ba'i rdo rje
釋哩二合塔葛囉斡而麻	失囉塔葛哩斡哩嘛	Shrā dha [ra] ka ra war ma (Śrādha[ra]karavarma)
領占藏卜	領瞋藏卜	Rin chen bzang po (958—1055)
不囉丁思巴	不囉二合定斯發	Brag stengs pa (Yon tan tshul khrims, 11 世紀)
麻囉拶呃	麻攞拶斡	Mal lo tsā ba (Blo gros grags pa, 11 世紀)

① 葛婉章主編《佛經附圖：藏漢藝術小品》(光碟)，臺北故宫博物院，2003 年。

（續表）

《吉祥喜金剛集輪甘露泉》卷下第 31 開	《如來頂髻尊勝佛母現證儀》第 35—36 開	梵/蕃文原型
薩思嘉禪卜	薩思加禪卜	Sa skya [pa] chen po (Sa chen) Kun dga' snying po (1092—1158)(薩思加初祖)
鎖南尖謨	鎖南尖目	[Slob dpon] Bsod nams rtse mo (1142—1182)(薩思加二祖)
辣麻哲尊巴	辣麻哲尊巴	Bla ma Rje btsun pa (Grags pa rgyal mtshan, 1147—1216)(薩思加三祖)
辣麻搠兒哲斡	辣麻搠兒哲二合斡	Bla ma Chos rje ba (Sa skya Paṇḍi ta Kun dga' rgyal mtshan; Ānandadhvaja, 1182—1251)(薩思加四祖)
辣麻發思巴	辣麻發思巴	Bla ma 'Phags pa (Blo gros rgyal mtshan; Matidhvaja, 1235—1280)(薩思加五祖)
辣麻俄磃八哑	辣麻娥磃二合發斡	Bla ma Mngon pa ba(13 世紀)
辣麻多兒租八	辣麻多兒二合奄八	Bla ma Rdor gtsug dpal
辣麻端孤嚕巴	辣麻端孤嚕巴	Bla ma Don grub dpal
辣麻舍辣藏卜	辣麻舍辣藏卜	Bla ma Shes rab bzang po
尼牙二合拿囉釋彌	雅納囉釋迷	Dznyā na ra shmi (Jñānaraśmi)

最近，沈衛榮教授與安海燕君發現，此名録最末一人雅納囉釋迷恰與明代洪武年間兩游西天（印度、尼泊爾）之漢僧智光（1349—1435）所用梵名相同，故疑莎南屹囉爲智光之弟子，且認爲羅炤先生於 1980 年代在西藏所得《聖勝慧到彼岸功德寶集偈》

(*Prajñāpāramitāratnaguṇasaṃcayagāthā*)一種梵文本之抄寫人"支那國比丘 Puṇyakīrti"(Cīnadeśiyabhikṣupuṇyakīrtti)即是莎南屹囉①。此説殊爲有趣。衛榮教授此前因《大乘要道密集》内《北俱盧洲延壽儀》一篇所列宗承名録在卜思端巴(Bu ston pa, Rin chen grub, 1290—1364)之後尚有辣麻瞻吟巴一人,已斷定其年代不能早於元末②或竟在元以後③。

蒙古文在明初尚具影響力。洪武十年六月廿四日(1377 年 7 月 29 日),明太祖朱元璋詔諭青海一帶藏民,雖在元亡約十稔之後,猶須以蒙古語出之,其八思巴字原件已佚,僅存"硬譯"體漢文本云④:

奉天承運的皇帝教説與西番地面裏應有的土官每知道者:俺將

① 沈衛榮、安海燕《明代漢譯藏傳密教文獻和西域僧團:兼談漢藏佛教史研究的語文學方法》,《清華大學學報(哲學社會科學版)》2011 年第 2 期,第 2—15 頁。智光爲迦濕彌羅人薩曷拶室哩發得囉(Sahajaśrībhadra,"俱生吉祥賢")之弟子,尊稱後者爲薩曷拶室哩發得囉巴達(Sahajaśrībhadrapāda,藏語應爲 Lhan skyes dpal bzang po'i zhabs"俱生吉祥賢足下")。

② 沈衛榮《〈大乘要道密集〉與西夏、元朝所傳西藏密法》,見沈衛榮《西藏歷史和佛教的語文學研究》,第 368—369 頁。按:《北俱盧洲延壽儀》應即藏文 *Byang sgra mi snyan gyi tshe sgrub*,余檢俞中元、魯鄭勇《大乘要道密集評注》,西安:陝西攝影出版社,1994 年,第 425—426 頁,見其名録止於宗喀巴(Tsong kha pa Blo bzang grags pa'i dpal, 1357—1419)以前之師資,似爲元順帝至正年間之産物。兹迻録其漢文譯名,並於括號内代爲復原其所指藏傳教史人物名字如次:惠 <慧> 慶羅漢(Dgra bcom Blo gros dpal)、曷吴(突?)贊得囉(* Dka' thub tsan dra? 即 Durjayacandra 或 Mi thub zla ba)、答兒麻屹囉(Dar ma grags)、俄哩思巴(Mnga' ris pa Rin chen mgon)、也哩加(Ye [shes] rgyal [po])、攝辣屹囉(Shes rab grags)、牙捺悉帝(Jñānasiddhi, Ye shes dngos grub)、擦思結(Tshad [ma'i] skyes [bu] Bsod nams mgon)、養節斡吟纏星吉(Yang rtse ba Rin chen seng ge)、看纏布思端巴(Mkhan chen Bu ston pa, Rin chen grub, 1290—1364)、辣麻瞻吟巴(Bla ma 'Jam rin pa)。又按:此薩思加關於"無死金剛身"('chi med rdo rje'i sku)思想之"延壽儀"漢譯本,諒經清人之手重新理董,非盡舊貌矣。

③ 沈衛榮《序説有關西夏、元朝所傳藏傳密法之漢文文獻:以黑水城所見漢譯藏傳佛教儀軌文書爲中心》,見沈衛榮《西藏歷史和佛教的語文學研究》,第 443 頁。

④ 錢伯城主編《全明文》,上海:上海古籍出版社,1992 年,第 10 頁。

一切强歹的人都拿了①,俺大位子裏坐地有②。爲這般上頭③,諸處裏人都來我行④拜見了。俺與了賞賜名分,教他依舊本地面裏快活去了。似這般呵,已自十年了也。止有西番罕東、畢里巴一撒⑤他每這火人,爲甚麼不將差發來?又不與俺馬匹、牛羊?今便差人將俺的言語去開與西番每知道:若將合納的差發認了,送將來時,便不征他;若不差人將差發來呵,俺着人馬往那裏行也者⑥。教西番每知道:"俺聽得説:你每'釋迦佛根前、和尚每根前,好生多與布施'麼道⑦。那的⑧是十分好勾當,你每做了者,那的便是脩那再生的福有。俺如今掌管着眼前的禍福俚⑨!你西番每怕也那不怕?你若怕時節呵,將俺每禮拜着,將差發敬將來者,俺便教你每快活着,不着軍馬往你地面裏來。你衆西番每知道者!"

此爲明朝洪武間使用蒙古文之一證,足見仍襲元風未替⑩。莎南屹

---

① 参看 1373 年諭高麗聖旨"各處城郭都收拾了,又大元也赶的迤北去了","那明日後日把達達每拿的拿了,赶的赶了"等語,鄭麟趾《高麗史》卷四四《恭愍王世家七》,東京:國書刊行會(Kokusho kankōkai),1908 年,第 655 頁。

② "大位子裏" = 蒙古語 yeke oron-dur(或 yeke oron-a)。

③ "爲…上頭" = 蒙古語…-yin tula。《全明文》編者錯誤標讀作:"……坐地,有爲這般,上頭諸處裏……"

④ "我行" = 蒙古語 namayi(第一人稱賓格)。

⑤ 畢里巴一撒 = 藏語 'Bri pa'i sa(畢里人之地)? 河州衛之西有必里千户所(元時爲萬户府),成立於 1372 年。

⑥ "呵" = 蒙古語-basu/-besü(表示假設語氣),"也者" = 蒙古語 ǰe。

⑦ "麼道" = 蒙古語 ke'en。

⑧ "那的" = 蒙古語 tere。

⑨ "俚" = 蒙古語 buyu。

⑩ 唯詔諭首語(相當於拉丁文之 Invocatio)不從元例。参看明余繼登《典故紀聞》(北京:中華書局,1981 年,第 18 頁):"元時詔書首語'上天眷命',太祖謂此未盡謙卑順奉之意,始易爲'奉天承運',見人言動皆奉天而行,非敢自專也。"按元朝詔書首語,八思巴字蒙文作 moŋka dėŋri-yin küčün-dür, yėke su ǰali-yin ·ihe · en-dür(硬譯體漢文作"長生天氣力裏,大福蔭護助裏";八思巴字受藏文拼音影響,故 möŋkä 寫作 moŋka, tŋri 寫作 dėŋri),藏文爲 tshe ring gnam gyi she mong la[s] bsod nams chen po'i dpal la brten nas("憑仗長生天的權力、大福德的榮光")。清代承襲明朝,用"奉天承運"(滿文 abka-i hese-i forgon be aliha"以天的旨意,承受時運了的")。

囉之蒙譯事業可能持續至洪武初年,而對蒙古文本加以漢譯或亦始於洪武年間。漢譯組織之成員皆佚名,此與洪武時繙譯《蒙古秘史》《回回藥方》等故元遺籍,未著譯人姓名之情況,正復相似。

然"支那國比丘 Puṇyakīrti"既爲藏地梵本之抄寫者,其人縱未游尼波羅,至少曾至西藏,不應對石榴隔膜如是。且此 Puṇyakīrti 或生活于西夏王國時代,未必即元末明初之莎南屹囉。

名表中"不囉二合"即 * Bra,"不囉丁思巴""不囉二合定斯發"當是 * Bra Dings Ba、* Bra Dings Pa,似乎漢文是依據 Brag stengs pa 之八思巴字轉寫而譯出。又如 Sukhavajra(喜樂金剛),蒙古文若用畏兀字轉寫,詞首可讀 Soqa 或 Suqa,苟無梵音參照,則末由分辨。若以畏兀字蒙古文本爲據,更以八思巴字重抄,由於八思巴字可用蕃字(藏文)之 zhabs kyu、na ro 二種元音字符以表現 u、o 之别,抄手對畏兀字蒙古文 Soqa ~ Suqa 之模棱讀音,乃得展露無遺。同一 Sukha,臺北故宫本一作"莎渴"(* Soqa),一作"速渴"(* Suqa),其故在此。然則故宫漢譯本實本諸蒙古文集譯本!精書、彩繪之佛典多爲皇家法會"祝延聖壽"之用。1334 年,黑帽三輩郎冲朶兒只(Zhwa nag gsum pa Rang byung rdo rje, 1284—1339)在大都青塔寺(Mchod rten sngon po'i sde)撰寫《喜金剛二品》(*Dgyes pa rdo rje'i brtag pa gnyis pa*)之疏釋,爲臨朝稱制的"人主太后"(mi dbang tha'i hū)不答失里(Buddhaśrī)與元順帝妥懽帖木兒(Toγon Temür)祈福,並由撒忒迷失以蒙古文繕寫(hor yig bri bar byed pa'i sa ti mis)①。按:Sa ti mis 即畏兀人名字撒忒迷失(Satmïš)。此處 Hor yig(蒙古字),不作 Hor yig gsar(蒙古新字,即八思巴字),應指畏兀體蒙古字,但不排除"蒙古字"有時也可能指八思巴字。前述故宫二種藏本所據底本應屬此類。迨明朝宫中舉行密宗法事,因蒙古

---

① Karma pa Rang byung rdo rje, *Dpal dgyes pa rdo rje'i brtag pa gnyis pa'i 'grel pa dri ma med pa'i 'od*,收入 *Karma pa Rang byung rdo rje'i gsungs 'bum*, Zi ling: Mtshur phu mkhan po Lo yag bkra shis, 2006, Vol. 8 (nya), fols. 628 - 629.

“四方字”（dörbeljin üsüg）亦即八思巴字已不合時宜，始將元内府本以漢文重新譯製。

綜合目前所有綫索推斷，可得下列結論：（一）布達佩斯寫本之 Tarniči toyin sonom gara，即臺北故宫寫繪本之持咒沙門莎南屹囉。（二）莎南屹囉可能爲畏兀人或蒙古人。（三）元代至少在順帝時期，曾將大量藏文著作譯成蒙古文，其中應包括以八思巴字記録之中期蒙古語文本。

【附記】

本文原是承沈衛榮先生之囑而作，草於 2011 年，2013 年刊於北京《西域歷史語言學集刊》第 6 輯。

元末以相法奇中，因而名動公卿之鄞人袁珙，據説其術得自浙江海外補怛洛伽山（普陀山）之異僧。戴良《九靈山房集》卷一七《袁廷玉傳》云：

嘗游東海補怛洛伽山，僧有别古崖者，善相，見而奇之，謂其眼光如電，法當以術顯。因給令仰視赤日，待兩目盡眩，潛布黑赤豆於暗處俾辨之；又夜懸五綵絨綫窗紙外，使映月光别其色。所試已皆中，然後悉以相家之術授焉，且曰：“子後當出我右，慎勿妄泄也。”其法：俟夜將二鼓，或五鼓罷，燃兩炬，坐對占者，數以其炬左右視，形狀氣色既得，第參以所生年月，而吉凶之徵，有若節契然。

按：僧名别古崖，查繼佐《罪惟録》卷二七《袁珙、袁忠徹列傳》獨作吉别崖。愚意作“吉别崖”爲是。藏名當爲“斡些”（’Od gsal），蒙古語譯作“吉别崖”（Gilbayiya），義爲“［一直照耀、炫目之］光芒”。吉别崖所授，似是舊密超上瑜伽（atiyoga）之“斡些脱戛”（’od gsal thod rgal）。或於日出、日落時視日曜，或視燈炬之光。其視（gzigs，眎）日至目眩，實欲於五同心圓（zlum khrigs）顯現時，定注於中央明點（thig le）。吉别崖似是承傳舊密“大圓滿”（rdzogs chen）與苯教綫占

(ju thig)之藏僧。藏語“脱戛”者,華言頓超(越超、頓證)也。疑吉公爲蒙元政府竄逐海島,或有通曉蒙古語之藏族人員隨侍。袁柳莊從之學法,似是以蒙古語爲媒介,故所記爲蒙古語也。附記於此,以供治元明之際多元文化交流史者之參詳。

後　記

《還音雜録》本備忘私記，僭比於藏語所謂 mdzub btsugs（直指），唯簡是尚。凡所還音，概由常見之書起例，不多旁涉新出古籍。然善會者舉一反三，伏藏固不一其處，因緣會遇，當自開取。如近年西蜀漢墓出土竹簡（學界通稱“天回醫簡”）中有“敝昔曰”之語，實即“醫者曰”之意。“敝”堪對胡音＊bheṣ，“昔”正對胡音＊ṣak，“敝昔”所反映之某種胡音必接近梵語 bhiṣak。梵語醫者稱 bhiṣak，一稱 bhiṣaj（相當於阿韋私陀波斯語 bišaz），藥稱 bhaiṣajya，俗語稱 bhessaja。東漢以前方士已借用西土語彙，斯又一證焉。

沈衛榮先生研窮夏藏，欲罷（“罷”通“疲”）不能，備悉漢文有“筆記”“雜識”，藏文有 zin bris、thor bu 一格之書，不薄《還音》簡拙，力促付梓，並以“大國學”海吞之勢，納兹細流，俾得附驥於烏雲畢力格先生主編之叢書，請益四方。人類身處“下劣叢殘”（佛經中語）之界，出版社編輯於疾疫劫中從事排校，其難倍蓰於常時，非諸公具大魄力，全稿殺青不能若是之速也。

卓鴻澤

癸卯秋識於摩羅耶

圖書在版編目(CIP)數據

還音雜録 / 卓鴻澤著. —上海：上海古籍出版社，2023.9

(歐亞古典學研究叢書)

ISBN 978-7-5732-0844-6

Ⅰ.①還… Ⅱ.①卓… Ⅲ.①語言學史—研究 Ⅳ.①H0-09

中國國家版本館 CIP 數據核字(2023)第 163749 號

歐亞古典學研究叢書

還音雜録

卓鴻澤 著

上海古籍出版社出版發行

（上海市閔行區號景路 159 弄 1-5 號 A 座 5F 郵政編碼 201101）

（1）網址：www.guji.com.cn

（2）E-mail：guji1@guji.com.cn

（3）易文網網址：www.ewen.co

啓東市人民印刷有限公司印刷

開本 710×1000 1/16 印張 9.75 插頁 2 字數 127,000

2023 年 9 月第 1 版 2023 年 9 月第 1 次印刷

ISBN 978-7-5732-0844-6

K·3452 定價：100.00 元

如有質量問題，請與承印公司聯繫